슬기로운 권한위임의 기술
델리게이션

슬기로운 권한위임의 기술

DELEGATION

델리게이션

류랑도 지음

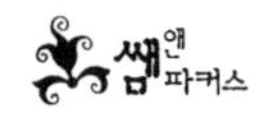

임파워먼트와 델리게이션

"왜 구성원들에게 권한위임을 제대로 하지 않느냐?"고 물어보면 리더들은 바빠서 그럴 시간이 없다고 한다. 또한 많은 리더들은 구성원들의 능력이 부족하여 권한위임을 할 수 없고, 일일이 해야 할 일과 방법을 지시하고 확인할 수밖에 없다고 한다. 결국 '시간이 없어서', '구성원의 능력이 부족해서' 권한위임을 하고 싶어도 할 수 없다는 것이다. 참으로 한심한 대답이다. 조직 리더의 인식수준과 문제해결역량이 이 정도 수준이라니 앞날이 갑갑할 수밖에 없다.

1명이든 2명이든 구성원과 함께 팀을 이뤄 일하는 리더라면 역할과 책임에 대한 권한위임을 필연적으로 실행할 수밖에 없는 구조적인 당위성을 인식해야 한다. 리더가 5~10분

단위로 구성원들이 해야 할 일을 일일이 지시하고 간섭할 수 있다면 굳이 권한위임이라는 메커니즘이 필요하지 않을 것이다. 하지만 이런 식으로 계속 하다 보면 구성원들은 수동적인 바보가 될 수밖에 없다.

능력과 역량이 뛰어난 구성원들에게는 권한위임해야 할 역할을 중요한 과제로 할당해주고 권한위임해야 할 책임의 기간도 길게 가져가는 것이 바람직할 것이다. 그래야 자기주도성과 성취감이 높아진다.

반면에 능력과 역량이 떨어지는 구성원들에게는 권한위임해야 할 역할을 어렵지 않은 과제로 할당해주고 권한위임해야 할 책임의 기간을 2~3일이나 1일 등 짧게 가져가는 것이 좋다. 능력과 역량이 부족하다고 해서 일일이 지시하고 간섭하기보다는 권한위임의 기간을 조정하는 방법이 좋다.

대부분의 리더는 권한위임을 어떻게 하는지 그 개념, 방법, 프로세스를 제대로 모른다. 구성원들의 능력과 역량은 물론이고 리더 자신의 매니지먼트 역량 또한 제대로 파악하지 못하고 있는 것이 엄연한 현실이고 객관적 사실이다. 권한위임을 하라고 하면 대부분 '방임'을 하고 있다.

임파워먼트empowerment는 역할을 위임하는 것이다.

자신이 해야 할 역할을 다른 사람에게 위임하는 것을 말한다. 역할수행에 대한 실행권한을 위임하기 때문에 번역하면 '권한위임'이라고 할 수 있다. 조직에서는 통상적으로 상위조직에서 보임을 통하여 직책수행자를 임명하는 행위, 업무분장을 통하여 과제를 부여하는 행위, 수시로 일이 발생할 때 누구에게 실행을 맡길 것인지 역할을 분담하는 행위를 임파워먼트라고 한다.

임파워먼트는 통상적으로 리더가 구성원에게 역할을 분담해주고 실행권한을 부여하는 것을 주로 의미하지만, 리더와 상관없이 개인 스스로가 정해진 기간 내에 자신이 해야 할 일을 결정하고 주인의식과 주체성을 바탕으로 자발적으로 실행하는 행위라는 의미도 포함한다.

이것을 '셀프 임파워먼트'라고 한다. 자존감을 바탕으로 자기완결적 인생을 살아가기 위해서는 이 셀프 임파워먼트가 대단히 중요하다. 직위나 직책이 높아지거나 리더의 위치에 서면 흔히들 자신이 직접 해야 할 역할도 다른 사람에게 떠넘기기 일쑤고 다른 사람이 해야 할 역할에 개입해 역할 혼란을 초래한다. 자신이 해야 할 역할도 다른 사람에게 미루면 직무유기, 역할유기가 되겠지만, 다른 사람이 해야 할 역할에 대해 이래라 저래라 개입하는 것도 역할침해이기 때문에 바람직하지 않다. 그러지 않기 위해서는 임파워먼트가 무엇인지 제대로 이해하고 그 방법을 알아야 한다. 임파워먼트를 제대로 하기 위해서는 임파워먼트 대상자의 능력을 진단하고 그 능력에 맞게 권한을 위임하는 것이 중요하다.

델리게이션delegation은 책임을 위임하는 것이다.

책임을 위임한다는 것은 책임져야 할 결과물을 달성하기 위한 실행방법에 대한 선택의 위임을 말한다. 임파워먼트를 한 후에 델리게이션을 하는 것이 올바른 순서다. 델리게이션을 제대로 하기 위해서는 델리게이션 대상자들의 책임을 기준으로 역량의 상태를 객관적으로 파악하고, 책임져야 할 결과물에 대한 기준을 일을 시작하기 전에 합의하는 것이 중요하다.

책임져야 할 결과물에 대한 기준을 '성과목표'라고 하는데 성과목표는 최종결과물과 과정결과물로 나뉘고, 기간별 결과물과 과제별 결과물로도 나뉜다. 최종결과물이란 일을 해서 최종적으로 기대하는 결과물을 말한다. 보고서 하나를 작성하는 것도 만약 그 일을 하는 데 한 달이 소요된다면 최종결과물은 한 달 후에 나오는 것이고 과정결과물은 주간 단위나 10일 단위로 산출될 것이다. 기간별 결과물은 일상적인 업무활동이 연속적으로 이루어지는 생산, 구매, 영업, 회계 등과 같은 업무의 경우 연간목표가 있고 반기별, 분기별, 월별로 기간목표, 기간별 결과물이 있다.

위임하려는 사람의 능력과 역량이 검증되지 않은 상태에서 임파워먼트와 델리게이션을 실행하는 것은 예상치 못하는 결과를 가져올 수 있기 때문에 신중해야 한다. 능력 있는 실무자라도 역량이 검증되지 않았다면 임파워먼트는 하되 '방임' 하지 않도록 주의해야 한다. 방임은 사람에 대한 믿음과 관계없이 담당자에게 그냥 일을 맡기는 것이다. 하지만 위임은 능력과 역량을 검증하고 일을 맡기는 것이다. 그런데도 대부분은 방임을 위임이라고 오해하는 경우가 많다.

권한위임 중에서도 특히 델리게이션은 기간별 목표와 전략에 대한 사전합의와 성과코칭이 전제되지 않으면 할 수 없다. 대부분의 CEO나 최고경영자들은 중간경영자들이나 실무자들로부터 다음과 같은 이야기를 많이 듣는다. "일단 해보고 나서 다시 말씀드리겠다", "최선을 다해서 열심히 하고 나서 결과로 평가받겠다", "이번 분기는 다소 저조하지만 올해 전반적인 결과는 괜찮을 것 같다", "한 번만 믿고 맡겨주시면 반드시 좋은 결과를 내겠다", "두고 보라, 기필코 해내겠다" 등등.

리더가 실무자에게 권한을 위임하면 실행에 대한 역할과 책임은 구성원에게 위임해도 리더의 관리역할과 관리책임까지 위임할 수는 없다. 실무자가 일에 대한 주인의식을 가지고 창의적·혁신적으로 일하기 원한다면 해답은 딱 하나다. '진정한 권한위임'이 이루어져야 한다. 리더가 구성원에게 요청한 일의 결과에 대한 판단기준을 사후적·주관적 기준에서 사전적·객관적 기준으로 제시해야 실무자가 주인의식을 가지고 열정적으로 일한다. 주인의식과 열정은 실무자의 태도나 의식의 문제라기보다 일에 대한 권한위임의 문제이다. 권한위임 중에서도 델리게이션이 문제다.

역할을 위임하고 싶다면 위임할 대상자의 능력을 사전에 검증하고, 위임할 역할의 넓이와 깊이에 대해 사전에 구체적으로 공감하고 역할수행 방법에 대해 코칭해야 한다. 위임할 역할의 범위가 애매모호하면 역할수행에 간섭할 상황이 자주 생긴다.

책임을 위임하고 싶다면 위임할 대상자의 역량을 사전에 검증하고, 위임할 책임의 기준과 실행전략에 대해 사전에 구체적으로 공감하고 전략수행 방법에 대해 코칭해야 한다. 위임할 책임의 목표가 애매모호하면 실행방법에 대해 자꾸만 간섭하게 된다.

사람의 인품과 자질은 믿어야겠지만
능력과 역량은 반드시 사전에 검증해야 한다.
과거의 경험과 지식 역시 믿어야겠지만
전략과 방법은 반드시 사전에 검증해야 한다.

성수동 협성재에서
류랑도

차 례

두 번째 원칙: 인과적인 목표전략 코칭

어설픈 '의지' 대신 '하우투'를 확인하라

세 번째 원칙: 현실적인 실행자원 지원

'맨땅헤딩' 시키지 말고 '핵심자원' 지원하라

네 번째 원칙: 자기완결적인 실행권한 위임
사사건건 '간섭' 말고 '자율경영' 응원하라

다섯 번째 원칙: 주체적인 소명의식 자극
'일의 노예'가 아니라 '업의 주인'으로 키워라

여섯 번째 원칙: 성과지향적인 역량행동 훈련

'탁상공론'하지 말고 '전략행동'을 훈련시켜라

일곱 번째 원칙: 공정한 성과평가 피드백

'실적리뷰' 그만두고 '성과리뷰' 강화하라

에필로그

왜 리더들은 델리게이션에 인색할까?

델리게이션의 당위성에 대해서 이견을 제시하는 사람은 아마 없을 것이다. 하지만 델리게이션을 제대로 하고 있는 리더를 찾기란 하늘에 별 따기만큼 어렵다. 대부분은 아주 심하게 일일이 통제하거나 아예 관리 부재 상태로 방임하거나 둘 중 하나다. 조직에서 나름대로 일 좀 한다고 하는 리더들은 '업무 챙기기'의 선수들이다. 업무에 대한 실질적인 실행행동에 해당하는 물리적인 부분만 실무자가 실행하도록 하고, 상위조직의 리더들은 하위조직과 실무자의 일거수일투족을 일일이 보고받고 실행기준을 결정해주고 지시한다. 조직마다 정도의 차이는 있을지 몰라도 대부분의 현장에서 업무가 이루어지는 모습이 그렇다.

대부분의 리더는 방임형이다. 하위조직과 실무자들이 수행하는 업무현장에 대한 실시간 이해가 부족하고, 업무내용에 대한 구체적인 지식과 경험이 부족하다 보니 하위조직의 리더나 실무자에게 의존할 수밖에 없다. 물론 말로는 '델리게이션'이라고 하지만 실제로는 방임이나 방치에 가깝다. 그래서 어떤 리더는 구성원이 보고를 하거나 결재를 위해 품의한 내용에 대해 옳고 그름을 판단하지 못하는 경우도 많다. 보고내용에 문제가 있어도 그 부분이 충분히 검토되지 않고 그냥 통과되는 경우도 종종 있다. 또 어떤 리더들은 직책을 맡았으니 역할을 제대로 해야 한다는 의무감에 자신의 과거 경험이나 책, 뉴스 등에서 보고 들은 풍월을 읊으며 현실과 동떨어진 의사결정을 내리기도 한다. 그런 식으로 리더가 조직에 큰 피해를 입히는 일도 종종 벌어진다.

리더의 의사결정은 개인의 주관적인 판단이 아니라 오로지 조직의 이익과 미래를 위해 객관적으로 이루어져야 한다. 그러나 현실적으로는 리더 자신의 알량한 자존심, 체면, 공명심, 인정받고자 하는 욕심 때문에 지극히 주관적이고 개인적인 기준으로 의사결정을 내리는 경우가 종종 있다. 구성원들이 하고 있는 일에 대해서 잘 모르면 조직이 원하는 목표를 명확하게 부여하고, 실행방법에 대해서는 현장상황을 잘 아는 실행조직이나 실무자들에게 델리게이션을 하면 된다. 그런데 왜 리더들은 델리게이션에 이렇게 인색할까? 왜 제대로 하지 않을까?

사람을 변화시키기란 참으로 어려운 일이지만, 특히 임원이나 팀장 같은 리더들은 더더욱 하루아침에 변하지 않는다. 고정관념도 있고, 나름대로 각자의 경험을 통해 형성된 가치관도 있다. 강의 몇 번 듣는다고, 책 몇 권 읽는다고 해서 쉽게 변할 리가 없다. 야단치고, 질책하고, 감봉하고, 승진에서 누락시킨다고 협박해도 잘 변하지 않는다.

리더들이 변하지 않는 이유는 여러 가지가 있겠지만 그중에서도 가장 결정적인 것은 생존에 대한 본능적 위기감이다. 이 시대의 리더에게 요구되는 변화의 핵심은 리더 중심의 지시관리 방식에서 실무자 중심의 자율책임경영 방식으로 혁신하라는 것이다. 실무자에게 이래라저래라하며 일일이 간섭하기보다는 코칭하고 델리게이션 하고 평가하고 피드백하라는 것이다. 그리고 리더들은 실무에 개입할 시간에 조직의 성과에 영향을 미칠 수 있는 리스크를 헷징hedging하고, 미래성과를 위해 선행과제를 준비하고, 조직을 혁신하고, 구성원들의 능력을 개발하고, 역량을 훈련시키고 코칭하라는 것이다. 리더들도 그러한 변화의 방향에 대해서는 동의하지만, 구체적으로 무엇을 어떻게 해야 변할 수 있는지 방법을 제대로 알지 못하는 것이 현실이다. 설령 안다고 하더라도 행동으로 옮기기 위해서는 용기가 필요하고, 동료 리더들의 눈치도 봐야 하며, 막상 실행한다고 하더라도 리더들의 새로운 역할을 찾는다는 게 말처럼 그리 쉬운 것은 아니다. 구성원들이 수행하는 실무는 구체적으로 눈에 띄지만 리더들의 매니지먼트 역할은 겉으로 잘 드러나지 않는다. 또한 매니지먼트는 실무의 결과와 조직의 성과에 묻혀서 뚜렷한 결과물로 구분되지 않는다. 그러다 보니 무엇이 리더의 역할로 인한 결과물인지 알 수가 없고, 때문에 리더들이 자꾸만 익숙한 실무역할에 기웃거리는 것이다.

리더를 변화시키기 위해서는 우선 CEO가 결과보다 전략적 과정을 의도적으로 따져야 한다. 그래야만 리더들이 근본적으로 변할 수 있다. 실적이나 수치로 된 결과 중심으로 질책하거나 혼내기보다는 조직과 구성원의 성과를 창출하는 인과적인 과정에 리더들이 구체적으로 어떻게 역할행동을 했는지를 체크하고 부족한 부분을 훈련시켜야 한다. 수치로 나타난 결과에 대해서만 반복적으로 추궁당하면 리더가 해야 할 차별화된 역할에 대해서는 그리 심각하게 생각하지 않는다. 그러면 또 말로만 다짐하고 현업으로 돌아가서는 예전보다 더 깊숙이 실무에 개입하는 현상이 반복적으로 일어난다.

이유는 명확하다. CEO나 상위리더들이 단기적인 수치결과나 과제완료 여부만 따지지 결과를 이뤄내기 위해 리더와 실무자들이 어떤 역할분담을 했는지를 심각하게 따지지 않기 때문이다. 그리고 임원이나 팀장들에 대한 평가지표를 단기실적보다 전략적 과제실행 중심으로 바꿔야 한다. 물론 조직의 단기성과에 대한 관리책임도 물어야 하겠지만 미래를 위한 선행과제, 과거를 혁신하기 위한 개선과제, 리스크 대응과제, 구성원 육성과제, 성과코칭과 델리게이션에 대한 평가를 제대로 하고 피드백해야 리더들이 실질적으로 변화한다.

앞으로 일하는 환경은 더욱 크게 달라질 것이다. 예전에는 상상도 못 했던 방식으로 일하는 시대가 곧 올 것이다. 주 52시간 근무는 물론이고 재택근무, 원격근무, 랜선관리 등이 보편화되면 예전처럼 상사 중심의 근태관리는 별 의미가 없다. 조직은 기간별 목표달성을 위해 각자에게 역할과 책임을 할당하고, 실무자들은 자기완결적으로 일해야 한다. 즉 성과관리 방식으로 조직이 운영되어야만 한다. 그러기 위해서는 리더에게는 성과창출을 위한 역할과 책임부여, 성과코칭, 권한위임, 평가, 피드백 등 매니지먼트 과정과 선행과제 실행, 리스크 헷징, 조직혁신, 구성원 육성을 직접 실행했는지 평가하고 피드백해야 한다. 또한 실무자에게는 성과창출을 위한 성과목표조감도 설정, 전략수립, 리스크 대응방안 수립, 기간별 목표의 캐스케이딩, 과정평가와 피드백, 능력개발과 역량훈련 등 전략적 실행과정을 제대로 이행했는지 평가하고 피드백해야 한다.

구성원을 성과경영자로 키우는 궁극의 방법

첫째, 구성원들의 능력과 역량을 진단하여 권한위임할 수 있는 역할과 책임의 범위를 정한다. 둘째, 기간별로 위임할 역할을 과제의 형태로 구체적으로 임파워먼트 한다. 셋째, 과제를 수행하고 나서 책임져야 할 성과목표나 결과물을 사전에 합의한다. 넷째, 책임져야 할 목표의 구체적인 내용인 성과목표조감도와 실행전략, 필요자원을 델리게이션 받을 사람에게 현장과 현상을 기준으로 수립하게 한다. 다섯째, 예상되는 달성목표의 구체적인 내용과 실행전략, 필요자원의 근거에 대해 델리게이션 하는 사람의 코칭과 공감대가 형성되어야 한다. 여섯째, 수정된 목표와 실행전략에 대해 상호합의하고 실행행위를 델리게이션 한다. 일곱째, 델리게이션 한 역할과 책임활동이 끝나면 평가하고 피드백한다.

권한위임의 핵심적인 요소는 위임할 사람의 '역할' 위임 내용인 '과제'와 '책임' 위임 내용인 '목표', 위임받을 사람의 역할인 과제수행의 결과물 '성과목표조감도', 책임져야 할 성과목표조감도를 달성하기 위한 '실행전략', 위임할 사람의 '코칭', 위임받을 사람의 '공감대형성과 수용'이다. 그리고 위임받은 일의 성과에 대한 '평가와 피드백'이다.

권한위임을 한다고 해서 실행하는 사람이 하고 싶은 대로 마음대로 한다는 의미는 결코 아니다. 많은 사람이 권한위임을 '알아서 하는 것' 혹은 '마음대로 하는 것'과 동의어로 생각한다. 우리가 흔히 말하는 '알아서 하겠다'나 '그에게 모든 것을 다 맡겼다'는 것은 역할에 대해서는 위임했을지 모르지만 책임에 대해서는 방임한 것이다.

대부분의 조직에서 역할에 대한 권한위임이 어느 정도 되어 있다. 그래서 권한위임이라고 하면 대부분 '임파워먼트'를 떠올린다. 역할에 대해 권한위임을 했으니까 역할수행을 어떻게 할 것인지를 업무 진행절차와 일정 중심으로 따져보고 실행을 맡기는 형식이다. 하지만 책임에 대한 권한위임은 명확하게 하지 않기 때문에 결과물을 만들어낼 방법에 대한 의사결정권은 대부분 상위리더가 쥐고 있다. 이러한 의사결정을 주간 업무회의나 품의·결재 과정을 통해 상위리더가 실행한다. 그래서 권한위임이라고 하면 대부분 임파워먼트를 떠올리는 것이 무리는 아니라는 생각도 든다. 임파워먼트는 어느 정도 되어 있지만 델리게이션은 이제 시작해야 하는 단계다.

업무마다 담당자를 정해두고 일할 때마다 그리고 기간별로 리더가 담당자에게 일일이 업무방법과 진행과정에 대해 지시하고 보고받고 다시 교정해주는 형태(즉 일을 시키고 간섭하는 방식)라면 일하기 전에 목표설정, 전략수립, 코칭이 필요 없고, 일을 끝내고 나서도 평가와 피드백이 필요 없다. 왜냐하면 리더가 업무 프로세스 전체에 대해 일일이 의사결정했기 때문에 코칭하고 평가하고 피드백하는 일 자체가 중복되기 때문이다.

대부분의 조직에서는 리더가 과제수행의 방법과 절차를 지시하고 실무자의 질문을 받는 것을 '코칭'이라고 생각한다. 또한 일이 끝나고 나서 혹은 주기적으로(대략 분기나 반기에 한 번씩) 지시한 대로 일을 진행했는지 검사하고 훈계하는 것을 '평가와 피드백'이라고 생각한다. 역할과 책임을 위임할 사람과 위임받을 사람 사이에 진정한 권한위임이 이루어지지 않은 상태에서는 목표수립과 전략에 대한 코칭과정과 평가하고 피드백하는 절차 자체가 의미 없다. 또 대부분 권한위임을 한다고 말하지만 실제로는 업무진행 과정마다 리더가 일일이 지시하고 보고받고 다시 교정을 지시하는 형태의 간섭과 통제가 일어나거나 아니면 아예 일을 통째로 맡겨버리고 방임하는 형태다. 담당자에게 일을 통째로 맡기고는 결과에 대해 잘잘못을 추궁하는 형태의 업무관리를 권한위임이라고 착각하는 것이다.

권한위임이 필요할 때 이루어지는 행위가 성과목표와 전략에 대한 코칭, 성과평가와 피드백이다. 리더가 일일이 업무과정을 지시하고 통제하는 형태의 업무관리 방법에서는 코칭하고 평가, 피드백 과정 자체가 아무런 의미가 없다. 그리고 실무자에게 아예 방임하는 형태의 업무관리 프로세스에서는 맡길 업무나 수치목표와 끝내야 할 마감시간을 주기 때문에 성과목표 조감도와 전략에 대한 코칭과정 자체가 일어날 수 없고 성과평가와 피드백 과정도 일어날 수 없다. 다만 결과평가와 인사조치만 행해질 뿐이다.

리더가 구성원들에게 성과목표조감도를 수립하게 하고, 실행전략에 대해 일을 하기 전에 코칭하고, 일이 끝난 후에 성과를 평가하고 개선과제를 피드백하는 일련의 과정을 생략한다는 것은 권한위임이 제대로 이루어지지 않고 있음을 방증하는 것이다. 권한위임은 대단히 어려운 스킬이다. 절대 가볍게 보지 말고 함부로 말하지도 말라! 권한위임은 인간 중심의 가장 고급스럽고 실무지향적인 육성 스킬이다. 구성원을 파트너로 존중하는 리더라면 델리게이션을 할 것이고, 구성원을 부하라고 생각하는 상사는 지시하거나 통제하거나 방임할 것이다.

당신은 상사인가? 리더인가? 리더라면 델리게이션 하라. 역할은 위임했지만 책임을 위임하지 않으면 진정한 델리게이션이 아니다. 구성원들이 열정적으로 일하기 원한다면 책임에 대한 권한을 위임하라. 구성원들이 창의적으로 일하기 원한다면 실행에 대한 권한을 위임하라. 구성원들이 능동적으로 일하기 원한다면 역할과 책임을 권한위임하라.

첫 번째 원칙

'업무지시' 하지 말고 '합의목표' 소통하라

공감적인 성과목표 합의

01

어떤 결과물을 원하는지 구체적으로 그려줘라

'아차!'

보고서를 살펴보던 김 팀장이 속으로 혀를 찼다. 프랜차이즈 외식업체의 가족점 사업팀을 맡고 있는 김 팀장은 상반기 성과가 저조하자 팀원들에게 각자 하반기 매출증대 방안을 고민해오라고 지시했다. 연간목표와 월별목표는 이미 나와 있고, 현재 돌아가는 상황을 팀원들도 누구보다 잘 알고 있을 터. 그러니 현장에서 고민한 매출부진의 원인과 이를 타개할 구체적인 개선추진 과제가 최소한 5가지 이상은 나올 것으로 기대하고 있었다.

하지만 팀원들이 제출한 매출증대 방안은 김 팀장의 기대와는 딴판이었다. 어떤 팀원은 지난해에 제출했던 것과 거의 같은 대책을 써내는가 하면, 현장의 관련 데이터를 분석해보지도 않고 생각나는 대로 적어놓고는 대책이랍시고 보고하는 팀원도 있었다. 심지어 팀장에게 달랑 이메일 10줄 정도 제출하고는 할 일 다 했다는 표정으로 앉아 있는 팀원도 있었다.

일순간 열이 확 올랐던 김 팀장은 이내 자신의 실수를 깨달았다. 본인이 원하는 결과물을 제대로 설명하지 않은 채 막연하게 지시했던 것이 화근이었다. 매출증대 방안을 통해 기대하는 보고서의 결과물의 모습이 무엇인지 다들 잘 알고 있으리라 생각했는데, 팀장만의 착각이었던 것이다. 애초에 원하는 결과물을 좀 더 명쾌하게 설명해주었던들, 팀원들이 쓸데없는 문서작업에 괜히 시간낭비하는 일은 없었을 것을.

과연 이 팀원들이 평소에 높은 성과를 내고 있을까? 김 팀장은 평소에 팀원들에게 델리게이션을 제대로 하고 있을 까? 위의 사례로 봐서는 '그렇다'고 기대하기 어렵다. 팀장이 자신에게 시킨 일의 의도가 무엇이며, 어떤 결과물을 내야 하는지 정확하게 인지하지 못하고 있기 때문이다. 팀장이 원하는 결과물이 무엇인지 알지 못하기 때문에 무엇을 어떻게 해야 할지, 실행방법에 대한 자기주도적인 의사결정을 하기가 어려웠을 것이다. 한마디로 업무는 지시받았으나 실행과정은 방임된 것이다. 그리고 그 책임은 다름 아닌 팀장에게 있다.

평소 성과가 지지부진한 조직의 리더들을 유심히 관찰해보면 어렵지 않게 공통점을 발견할 수 있다. 그것은 바로 구성원들에게 업무를 지시할 때 대개 일을 끝내야 할 기한만 말해주고, 업무목적이나 목표에 대해서는 추상적이거나 두루뭉술하게 설명하고 넘어가는 경우가 많다는 사실이다. 그러다 보니 실행을 맡은 구성원들은 무엇을 어떻게 해야 할지 감을 잡지 못하고 스트레스만 받는 것이다. 리더가 이런 식으로 일하면 역량 있는 구성원이 들어와도 제대로 성과를 내지 못하고 무능한 사람 취급을 받기 십상이다.

구성원이 자기주도적으로 일하게 하고, 리더가 원하는 성과를 창출하게 하기 위해서는 조건이 있다. 연간과제나 수시과제spot task에 대해 리더 스스로 우선순위를 정해 전략적으로 일을 주어야 한다는 것. 그리고 그 과제를 수행함으로써 어떤 성과물을 기대하는지를 구성원에게 사전에 명확하게 일러주어야 한다는 것이다. 정확하게 이야기하면 리더가 먼저 알려주기보다 실행을 맡은 실무자가 먼저 예상되는 기대결과물을 대략 그려서 리더에게 보여주면 리더가 실무자의 기대결과물을 기준으로 코칭을 통해 깨닫게 해주는 것이다. 리더는 실무에 대한 경험은 있겠지만 현재의 상황에 대한 현장정보는 없기 때문에 실무자가 먼저 결과물에 대한 초안을 제시하는 것이 좋다. 물론 리더가 기대하는 결과물에 대해 정확하게 알고 있다면 당연히 먼저 알려주면 좋다.

성과를 창출하는 데 가장 중요한 것은 무엇일까? 그것은 기대하는 결과물이 구체적으로 어떤 모습인지를 '입체적 조감도'로 분명하게 이해하는 것이다. 자신이 도달하고자 하는 목적지가 어디인지 제대로 알지 못한 채 일한다면, 리더와 구성원이 제아무리 용을 쓰고 열심히 일한다고 해도 에너지만 분산될 뿐, 그 모든 노력은 결국 쓸데없는 낭비가 되고 만다.

예를 들어 지금 당신이 '보쌈과 족발'을 가장 잘하는 집에 가고 싶다고 하자. 그래서 내비게이션에 '서울에서 보쌈과 족발을 가장 맛있게 하는 집'이라고 검색한다면, 내비게이션이 과연 '서울 황학동'에 있는 '원할머니 본점'으로 당신을 안내할까? 아니다. 제아무리 데이터가 풍부한 내비게이션이라 해도 본인이 가고자 하는 목적지를 정확하게 입력하지 않는 한, 당신을 목적지로 안내하지 못한다. 업무성과에서도 동일한 이치가 적용된다. 업무를 부여할 때 리더가 가고자 하는 목적지를 정확하게 제시해야, 비로소 구성원이 성과에 대한 아웃풋 이미지를 그릴 수 있다.

경영기획본부장인 최 본부장이 인사팀을 맡고 있는 김 팀장에게 '조직의 분위기가 무겁고 축 처져 있는데 무슨 대책이 없겠는지 방안을 마련해보라'는 지시를 내렸다. 이 말만 들어서는 경영기획본부장이 정확히 무엇을 원하는지, 또는 이 과제가 성공적으로 수행되었을 때 어떤 효과를 기대하는지를 명확히 그리기 어렵다.

이때 김 팀장이 일을 처리하는 방법은 대략 2가지다. 하나는 본부장이 원하는 바가 정확하게 무엇인지 다시금 확인해보는 것이다. 다른 하나는 과제내용이 불명확하더라도 어찌 됐건 본인 나름대로 해석해서 처리하는 것이다. 실제로 많은 사람이 이렇게 일한다. 이에 김 팀장도 급한 대로 다른 회사에서 실시하는 조직활성화 방안이나 이벤트 등을 찾아보고 수십 쪽의 보고서를 작성하느라 바쁘다. 그러나 이 일을 '왜' 하는지에 대한 배경조차 이해하지 못하고, 본부장이 원하는 아웃풋이 무엇인지도 알지 못한 상태라면, 과연 김 팀장으로부터 업무결과를 보고받은 본부장은 만족할 수 있을까?

최 본부장이 김 팀장에게 업무를 지시할 때 '왜 그 일을 해야 하는가'에 대한 배경과 궁극적인 목적을 명확하게 알려주었더라면 결과는 분명히 달라졌을 것이다.

예를 들어보자. 최 본부장은 신입사원들이 1년 이내에 그만두는 비율이 30%나 된다는 사실을 발견하고 이유를 조사했다. 그 결과 너무 수직적이고 경직된 상명하복 조직문화에 원인이 있었다. 이러한 상황을 김 팀장에게 설명한 다음 신입사원들이 1년 이내에 퇴직하는 비율을 5%로 낮추기 위한 전략을 수립하라고 지시했다면, 결과는 어떻게 되었을까?

김 팀장은 기존 신입사원들이 퇴사한 주요 원인들을 면밀히 분석해보고, 조직에 융화되어 즐겁게 생활할 수 있는 다양한 방법을 부서별·직무별로 강구했을 것이다. 왜 그 일을 해야 하는지, 어떤 타깃을 공략해 얼마만큼의 목표를 달성해야 하는지에 대한 리더의 요구기준을 명확하게 알았기 때문이다.

구성원들이 제대로 일해서 리더가 원하는 성과목표를 달성하게 하려면, 구성원들의 실행역량만 탓할 것이 아니라 리더 자신부터 일을 제대로 델리게이션 해야 한다. 자신이 구체적으로 기대하는 바가 무엇인지를 구성원들에게 입체적으로 그려줄 수 있어야 한다. 만약 최 본부장이 부서 이기주의가 심하고 조직 내 업무 협력이 원활하지 않다는 점에 문제의식을 느꼈다면, 김 팀장에게 원하는 결과물도 달라졌을 것이다. 즉 리더가 원하는 명확한 목적지를 설명해주고 제시해준다면 구성원은 훨씬 빨리 리더가 원하는 성과목표를 달성할 수 있다.

이 사례가 말해주는 점은 명확하다. 리더가 막연하고 추상적으로 업무지시를 해서는 자신이 원하는 성과를 결코 이루어낼 수 없다는 것이다. 대개 리더들은 구성원들보다 많은 경험과 정보와 자원을 가졌다. 그들은 상위조직의 리더나 최고경영진과 지속적으로 회의하고 상시적으로 소통하기 때문에, 회사가 원하는 바를 잘 이해한다. 하지만 정작 구성원들에게 성과물의 최종 이미지를 명확히 전달하지 못한다면, 상대적으로 정보력이 취약한 구성원들은 아무런 의도를 모른 채 엉뚱한 방향으로 일하게 될 가능성이 크다.

다시 한번 강조하지만, 성과를 창출하기 위해서는 결코 추상적이거나 애매모호하게 업무를 지시해서는 안 된다. 일정에 대한 합의는 물론, 리더가 의도하는 목적을 구체적으로 밝혀서 이를 구성원들과 공유해야 한다. 이것이 바로 올바른 델리게이션의 방향으로 업무의 출발점을 잡을 수 있는 첩경이다.

02

‘열심히’가 아니라 ‘제대로’에 성과기준을 맞춰라

축구경기를 한번 생각해보자. 90분 동안 열심히 뛰는 것이 중요한가? 아니면 승패를 가를 1골을 넣는 것이 중요한가? 당연히 1골을 넣는 것이 중요하다. 축구에서는 골이 곧 성과다. 90분 동안 쉬지 않고 뛸 수 있는 체력은 1골의 성과를 창출하기 위해 당연히 뒷받침되어야 하는 전제조건일 뿐이다. 경기 내내 열심히 뛰어다니는 것으로 최선의 노력을 다했다고 할 수 있을지는 몰라도, 성과를 창출했다고 보기는 어렵다.

이 말에 이의를 가질 사람은 없을 것이다. 그렇다면 이 논리를 그대로 우리 조직으로 가져왔을 때는 어떨까? 일을 하다 보면 종종 성과를 창출하기 위한 전제조건에 매몰되어 중요하지도 않은 일에 한정된 시간과 자원을 투입하는 경우가 많다. 마치 축구선수가 90분 내내 뛸 수 있는 체력을 만드는 데 모든 노력을 쏟는 것처럼 말이다. 그래놓고는 '이렇게 열심히 했으니 성과가 조금 미진하더라도 정상 참작해달라'고 요구한다면, 어느 누가 받아들이겠는가?

회사란 성과를 달성하기 위해 만들어진 조직이다. 그런데도 회사에서조차 성과에 대한 개념을 제대로 적용하지 못하는 경우가 많아서 안타깝다. 많은 리더가 성과를 내기 위한 여러 가지 활동과 과제를 수행하느라 여념이 없지만, 대부분이 그저 무엇인가를 했다거나 시간을 많이 투자했다거나 열심히 노력했다는 수준에 머물고 만다. 즉 '성과' 그 자체가 아니라 '실행'에만 의미를 둔다는 뜻이다.

이처럼 주객이 전도된 상황에 놓일수록 우리는 얼마나 열심히 뛰었느냐는 '노력'보다 한 골이라는 '성과'에 초점을 맞추어 일해야 한다. 리더라면 자기 조직에서 이루어지는 모든 일의 성과기준이 무엇인지를 항상 머릿속에 그려놓고, 그 그림을 구성원들에게 계속 설명해주어야 한다. 그런 그림이 없는 조직은 위에서 아래까지 무조건 열심히 움직이긴 하는데, 가만히 보면 엉뚱한 데서 헤매고 있는 경우가 많다. 그러고는 열심히 했다고 자화자찬한다.

예를 들어보자. 연말이 되면 회사에서는 저마다 사업계획서라는 것을 작성한다. 한 해 동안 회사와 각 사업부에서 중요하게 해야 할 성과목표와 달성전략과 소요예산을 수립하는 것이다.

가령 어느 외식회사가 수익을 전년 대비 10억 원 더 늘리는 사업계획을 수립했다고 가정해보자. 이를 위해 사업팀장들은 신규고객 확보, 기존고객 재방문율 향상, 그리고 신규메뉴를 개발하는 방안을 강구할 것이다. 그중에서도 많이 쓰이는 방안 중의 하나가 바로 신규메뉴를 개발하는 것이다. 그래서 신규메뉴를 개발하라는 취지에서 해당 팀원들에게 '신규메뉴 개발 건수'를 성과지표로 내려주는 경우가 많다.

여기서부터 문제가 시작된다. 사업팀장은 나름대로 구체적으로 수치화해서 지표를 설정했다고 하지만, 과연 그의 생각대로 신규메뉴만 새로 많이 개발하면 영업이익이 늘어날까? '신규메뉴 개발 건수'를 성과기준으로 부여받은 구성원들은, 메뉴개발에만 혈안이 돼서 경쟁사에서는 어떤 메뉴를 런칭했는지 조사하고, 일본이나 대만에서는 어떤 메뉴가 인기 있는지 인터넷을 통해 조사한다. 어떤 팀원들은 주위의 친구들에게 물어보고 아무 생각 없이 즉, 브랜드 컨셉과 상관없이 메뉴를 개발한다. 그러나 '신규메뉴 개발'이라는 과제수행을 통해 궁극적으로 얻으려는 성과가 무엇일까를 생각한다면, 과연 신규메뉴를 많이 개발하는 것이 사업팀의 궁극적인 성과라고 할 수 있을까?

물론 신규메뉴를 많이 개발한다면 향후 마케팅 활동을 하거나 가망고객을 확보하는 데 도움이 될 것이다. 하지만 성과목표에 비춰볼 때 더 중요한 것은 실제로 고객들이 메뉴를 많이 주문해 '이익'을 얻는 것이다. 설령 신규메뉴 개발 건수가 좀 적으면 어떤가? 기존 메뉴들로 더 많은 이익을 창출해준다면 문제될 것은 전혀 없다.

따라서 사업팀장은 단순히 신규메뉴를 많이 개발하는 것이 아니라 영업이익을 늘리기 위해 어떻게 할 것인가에 초점을 맞춰야 한다. 즉 일하는 기준을 '신규메뉴 개발 건수'로 하기보다 '객단가'로 정해 놓으면 의도한 성과를 제대로 겨냥하고 있다고 볼 수 있다.

위의 사례와 같이 리더들이 일하는 기준을 잘못 설정하는 바람에 구성원들이 일을 해도 실질적인 성과를 얻지 못하는 경우가 현실에서 비일비재하다. 실행 중심의 실적기준에 몰두하면서, 이를 성과라고 오인하는 것이다.

이번에는 어느 영업팀 사례를 살펴보자. 이 팀의 전략과제는 '고객 품질관리체계 지원'이다. 그리고 이 과제를 수행하고자 하는 목적인 핵심성과지표key performance indicator, KPI를 'B/S before service 활동횟수'로 정했을 때, 과연 리더는 애초에 의도한 성과를 달성할 수 있을까?

이 질문에 답하기 위해서는 전략과제가 담고 있는 의미에 대해 생각해보아야 한다. '고객 품질관리체계 지원'이라 함은 고객의 니즈를 충분히 확인하고, 그 내용을 자사 제품판매나 품질관리 전략에 반영하는 데 그 목적이 있다. 그렇다면 핵심성과지표는 달라져야 하지 않을까? 오히려 'B/S 활동횟수'보다는 '고객 요구사항 제품반영 건수'를 성과기준으로 설정한다면, 질적으로 더욱 높은 수준에서 일할 수 있고 애초에 원하는 성과를 얻는 데도 유리할 것이다.

리더로서 구성원들을 통해 본인이 원하는 성과를 얻고 싶은가? 그러려면 자신이 일을 통해 궁극적으로 원하는 바를 구성원들이 명확하게 인지할 수 있도록 구체적인 기준을 제시해주어야 한다. 이때 단순히 실행하거나 열심히 하는 데 무게중심을 두지 말고, 구성원들에게 과제수행을 통해 도달해야 하는 목적지를 성과기준으로 제시함으로써 구성원들이 쓸데없는 일에 에너지를 투여하지 않고 핵심과제에 자원을 집중하도록 이끌어야 한다.

03

구성원이 아닌
리더가 기대하는
목표를 공유하라

델리게이션 하는 리더와 델리게이션을 통해 실행하는 구성원. 이 둘이 공통의 성과를 달성하기 위해서는 우선 일의 목적을 공유해야 한다. 리더가 구성원들에게 일의 목적을 명확하게 제시한다는 것은 단순히 '계약 ○건 달성'과 같이 수치화·계량화하는 차원이 아니다. 그것은 우리가 이 일을 통해 얻고자 하는 기대효과가 무엇인지를 정확하게 공감하고 있다는 사실을 의미한다.

리더는 궁극적으로 성과를 통해 말해야 하고 그렇게 해야만 인정받을 수 있는 존재다. 이 말을 거꾸로 해석하면, 성과를 내지 못하면 리더로서 '자격미달'이라는 뜻이 된다. 지금 이 순간에도 '성과미달'이라는 악몽에 사로잡힌 리더들, 그들은 왜 성과를 내지 못할까?

첫째, 리더의 머릿속에 본인이 책임지고 있는 조직의 성과목표가 달성되었을 때 기대하는 입체적 조감도가 분명하게 새겨져 있지 않기 때문이다. 마라톤선수들이 경기할 때 그냥 뛰는 것 같은가? 천만의 말씀이다. 선수의 머릿속에는 출발하기 전에 이미 전체 레이스를 통해 기대하는 기록목표가 있고, 예상대로 기록목표가 달성되었을 때 구간별 기록은 얼마여야 하는지까지 들어 있다. 마치 목표가 달성된 것처럼 머릿속에 조감도가 그려져 있는 것이다. 그래야만 레이스를 하는 동안 체력을 어떻게 안배하고 구간별 스피드를 조절할지에 대한 전략을 수립할 수가 있다. 이와 같이 리더의 머릿속에 성과목표의 아웃풋 이미지가 명확하게 그려져야 하는데, 정작 리더 자신조차 목표를 형상화하지 못하지 공감대를 형성할 수가 없는 것이다. 이것이 리더가 성과를 내지 못하는 가장 큰 이유다.

둘째, 리더 자신이 머릿속에 형상화가 안 돼 있으니 구성원들에게도 과제의 아웃풋 이미지를 그려주지 못하고 공감도 얻지 못하게 된다. 그래서 성과가 제대로 날 수 없었던 것이다.

이를 타개하려면 구성원 각자의 머릿속에 분분한 성과의 모습을 하나로 모아야 한다. 아울러 성과의 이미지를 효과적으로 공유하기 위해 어떻게 할지를 진지하게 고민해야 한다. 리더는 조직 차원의 성과목표가 어떤 모습인지 구성원들에게 공감시키고, 그 공감대를 바탕으로 구성원 각자가 달성해야 할 성과목표를 납득시켜야 한다.

> 성과목표를 구성원들에게 자신 있게 제시하고 이에 공감하게끔 만드는 의사소통 역량은 리더에게 대단히 중요하다. 성과목표를 공유하는 소통이 원활할 때, 구성원들은 자신이 리더에게 보여주어야 할 결과물이 무엇인지 확실히 알고 올바른 방향으로 일을 진행할 수 있다.

이렇게 되면 구성원들이 어떻게 해야 성과를 달성할 수 있을지 스스로 예측하면서 일할 수 있다. 이 점이 왜 중요한가? 해보고자 하는 구성원들의 욕망을 효과적으로 자극할 수 있기 때문이다. 따라서 리더라면 이 부분을 절대로 간과해서는 안 된다. 해야 할 과제를 주고서 '알아서 하겠지'라고 생각하는 것은 믿고 맡기는 것이 아니라 그냥 놔두는 방임이나 방치에 가깝다. 그런데도 의외로 많은 리더들이 자신의 소통방식은 생각하지 않고 "요새 젊은 사람들은 왜 그렇게 일머리가 없고 문제해결역량이 낮아?"라고 삐딱하게 말한다. 구성원의 잘못해서라기보다는 리더의 '공감적인 성과목표 합의' 역량이 부족해 일어난 일인데도 말이다.

다시 한번 강조하지만, 일을 지시할 때는 리더의 의도와 목적이 한눈에 보이도록 명확히 형상화된 '성과목표'를 부여해야 한다. 특히 일을 언제까지 얼마나 해야 한다는 업무실행 위주의 지시보다는 성과목표를 중심으로 사전에 합의하라. 그래야 구성원들이 사전에 성과기준을 분명하게 인식해 궁극적인 성과물을 염두에 두고 창의적인 업무실행에 몰입할 수 있다.

그러나 솔직히 아직도 많은 리더가 뜬구름 잡는 듯한 지시만 할 뿐, 성과기준을 제대로 제시하지 못하고 있는 것이 사실이다. 어느 대기업의 연구소를 담당하는 임원이 이런 이야기를 했다.

"지금 눈에 보이는 자원, 예를 들어 원부자재 비용 얼마를 절감하지 못해 손실이 나는 것이 아까운가? 그보다는 리더가 구성원들이 창출해야 하는 성과목표를 제대로 제시하지 못하고, 이 때문에 구성원들이 잘못된 방향으로 업무시간을 보내고 때로는 재작업까지 하는 시간이 늘어나 낭비되는 간접적인 비용이 더 문제다. 양자를 환산해보면 아마도 후자의 눈에 보이지 않는 손실이 비용 면에서 100배는 더 클 것이다."

그의 비판은 리더가 달성해야 하는 기대목표의 최종 이미지를 왜 구성원들과 매끄럽게 소통해야 하는지 잘 설명해준다. 즉 유형자산에 대한 낭비요소를 찾아내 이를 해결함으로써 얻을 수 있는 원가절감 효과보다, 리더가 구성원에게 제대로 된 성과목표를 부여하지 못해서 발생하는 눈에 보이지 않는 무형적인 손실을 방지하는 것이 성과를 내는 데 더욱 중요하다는 것이다.

경영전략가 게리 해멀Gary Hamel도 경영성과를 창출하기 위해 조직에서 해야 할 혁신 가운데 가장 중요하고도 어려운 혁신을 '관리혁신'이라고 강조한 바 있다. 아울러 '관리혁신'의 성공 여부는 리더가 얼마나 유능하게 성과기준을 제시하고, 이에 대해 구성원들과 공감대를 형성하며, 일을 배분하고 업무를 제대로 해나갈 수 있게 만드느냐에 달려 있다고 역설했다.

그렇다면 리더가 성과목표의 입체적 조감도를 명확하게 한다는 것이 어떤 의미인지 다시 한번 생각해보자. 예를 들어 인사팀장이 올해에 창출해야 할 성과목표 중에서 회사에 가장 중요하게 기여해야 할 성과목표를 '핵심인력 확보 30명'으로 정했다고 하자. 그런데 '핵심인력 확보 30명'이라는 정량적 수치가 정해졌다고 해서 팀의 성과목표가 제대로 설정되었다고 단정하기는 이르다. 성과목표를 설정하는 출발점에서 과연 리더의 머릿속에 '핵심인력 확보 30명'에 대한 세부 구성요소가 직무별·경력별·부서별로 형상화되어 마치 건물의 입체적인 조감도처럼 명확하게 들어 있는가가 관건이다.

핵심인력 30명의 세부 구성요소가 '프랜차이즈 영업 인력 10명, 신사업기획 인력 5명, 마케팅 인력 7명, 디자인 인력 8명'과 같이 명확하게 리더의 머릿속에 구조화돼 있을 때 비로소 성과목표가 정조준되었다고 할 수 있다. 물론 이때 각 부문의 인력이 사업전략에 맞추어 어떤 역량을 확보하고 있어야 하는지, 어느 시점에 확보되어야 할 것인지에 대한 전체적인 그림도 나와 있어야 할 것이다. 리더의 머릿속에 핵심인력에 대한 개념도 모호하고 세부 구성요소도 명확하지 않은 상태에서 그저 '핵심인력 확보 30명'만을 성과목표라고 한다면, 그동안의 경험으로 비추어봤을 때 그 목표를 제대로 달성할 가능성은 이미 대단히 희박하다.

리더의 위치에 있거나 리더가 되고자 하는 사람들이라면 업무수행을 통해 얻고자 하는 바를 구성원들과 확실하게 소통할 수 있어야 한다. 이것이 리더와 구성원이 성과를 창출하는 데 가장 중요한 첫 단추다. 리더가 구성원에게 성과기준을 제시할 때 얼마나 분명한 이미지로 형상화하고, 얼마나 구체화된 형태로 성과목표를 부여하며, 이를 구성원이 얼마나 제대로 공감하느냐에 따라 최종 결과가 완전히 달라질 수 있음을 꼭 기억하기 바란다.

04

'과거 실적'이 아니라 '5년 후 미래'를 기준으로 목표를 설계하라

리더가 조직을 잘 경영하고 탁월한 성과를 창출한다는 것은 구체적으로 어떤 것일까? 비유하자면 마치 비행기를 조종하는 것과 같을 것이다. 유능한 기장은 국내선만 운항하는 것이 아니라 전 세계를 돌아다니며 장거리의 험난한 국제선도 무리 없이 잘 운항한다. 그의 임무는 고객이 정해진 시간 내에 원하는 목적지까지 안전하게 도착하도록 하는 것이다. 어쩌다 한 번 그렇게 하는 것이 아니라 매번 그래야 한다. 리더도 마찬가지다. 성과와 관련된 여러 이해관계자들, 그중에서도 구성원과 함께 목적지까지 안전하게 가야 한다. 요컨대 리더에게 가장 소중한 고객은 바로 구성원이다.

리더가 구성원과 함께 목적지까지 무사히 가기 위해 필요한 것이 무엇일까? 가장 긴요한 것 하나는 바로 '넓은 시야'다. 기장이 눈앞의 제반사항뿐 아니라 항로 저 멀리 있는 돌발상황까지 함께 점검하지 않는다면 안전운항은 결코 보장되지 못한다. 이처럼 리더는 단기성과뿐 아니라 더 멀리, 더 큰 미래를 내다보며 미래의 중장기성과도 동시에 균형 있게 고민해야 한다. '지금 이 제품과 서비스가 향후 5년, 10년 이후에도 지속적으로 성과를 창출할 것인가?'라는 미래지향적인 관점에서 전략을 제시할 수 있는 리더가 필요하다.

혹자는 이렇게 반문할 것이다. "한 치 앞도 안 보이는 요즘 같은 경영환경 속에서 먼 미래까지 보는 것이 가능한가? 그때는 전혀 다른 환경이 펼쳐질 텐데 구태여 지금부터 고민할 필요가 있나? 미래의 문제는 그때 가서 생각하면 된다. 아무리 미래가 중요하다 해도, 지금 당장 굶을 수는 없지 않은가?"

물론 조직을 둘러싼 외부환경은 시시각각 변하고 있다. 이런 상황에서는 눈앞의 실적에 연연해 일을 할 가능성이 매우 높다. 마치 눈앞의 당근을 쫓아가는 말처럼. 그 결과는 무엇이겠는가? 근시안으로 앞만 보고 달리다가는 정작 도달해야 할 목적지를 놓치고 만다.

무엇보다 무서운 것은, 그 과정에서 구성원들이 목적의식을 잃고 회의에 빠진다는 사실이다. 그래서 모든 구성원이 단기성과에만 목숨 걸게 된다. 물론 임기응변을 발휘해 성과를 낼 수도 있겠지만, 탁월한 리더들에게서는 그런 모습을 찾아볼 수 없다. 오히려 몇 년 동안 체계적으로 준비한 성과목표나 전략이 지금에 와서 빛을 발하는 경우가 더 많다.

따라서 구성원들과 성과목표의 공감대를 형성할 때는 반드시 중장기 미래성과의 관점에서 지금부터 함께 고민하고 실천할 사항이 무엇인지 터놓고 대화해야 한다. 물론 애초에 설정해놓은 중장기 성과목표를 일찍 달성한다거나 중간에 변수가 생겼을 경우에는 그에 맞게 성과목표를 수정해나가면 된다. 중장기 목표를 구성원들과 공유한다면, 설령 단기성과가 조금 부진하다 해도 5년 후에 달성할 미래의 성과목표를 생각하며 분발할 수 있다.

어느 회사의 두 영업팀장의 마인드에 대해 생각해보자. A팀장의 경우, 작년에는 영업이익 10억 원을 달성했으나, 지금 추세대로 가면 5년 뒤에는 영업이익을 전혀 기대할 수 없다. 한편 B팀장은 지난해에 영업이익을 1억 원밖에 달성하지 못했다. 그러나 그는 당장 눈앞에 보이는 매출이나 영업이익에 연연하지 않는다. 오히려 중장기적인 관점에서 내부 프로세스를 정비하고 구성원들의 역량을 끌어올리면서 동시에 치밀한 성과 모니터링을 통해 혁신적인 프로세스 개선을 시도

했다. 그 결과 5년 뒤에는 영업이익 20억 원을 기록할 수 있으리라고 예측된다면, 과연 어느 쪽이 더 바람직한 팀장의 모습이며 지속적으로 성과를 낼 가능성이 높다고 볼 수 있을까?

답은 그리 어렵지 않을 것이다. A팀장은 본인 또는 구성원들이 스스로 일어날 수 있는 역량이나 꾸준한 체질개선이 동반되어 있지 않은 상태로 계속 일을 한다면 얼마 못 가서 맥없이 주저앉게 될 것이 불을 보듯 뻔하다. 성과창출에 노련한 리더는 구성원들에게 단기성과뿐 아니라 동시에 미래를 위한 업무나 과제들을 성과목표로 제시해주고, 지속적인 능력개발과 역량훈련을 꾸준히 함으로써 성과를 반복적으로 창출할 수 있게끔 만든다. B팀장처럼 말이다.

단기성과는 중장기성과를 창출하기 위한 선행조건일 뿐이다. 따라서 리더는 구성원들에게 중장기적으로 달성해야 하는 성과기준을 먼저 제시한 다음, 이를 역으로 계산해 현재 달성해야 하는 단기성과 기준을 주어야 한다. 중장기성과의 측면에서 시장과 미래를 바라보도록 일깨운다면, 역설적으로 성과창출을 위한 선행요인으로서 단기성과의 중요성까지 새롭게 인식할 수 있다.

그렇다면 구체적으로 어떻게 목표설정을 해야 할까? 그 첫걸음은 당신의 시야를 과거에서 '미래'로 교정하는 것이다. 흔히 많은 리더들이 과거 실적을 바탕으로 미래의 성과목표나 해야 할 일을 정한다. 그러나 조직의 목표를 제대로 달성하기 위해서는 적어도 3~5년 후의 중장기 성과목표를 머릿속에 그려놓은 상태에서 현재 달성해야 할 성과목표를 설정해야 한다. 그리고 현재 성과목표를 달성하기 위한 선행목표를 구성원들에게 성과목표로 나누어주고, 구성원들에게 성과목표를 달성하기 위한 전략과 방법을 고민하게 해야 한다. 이때 리더는 직관력과 통찰력을 바탕으로 전략에 대해 코칭해야 한다. 그래야만 성과목표 달성에 결정적인 영향을 미칠 수 있는 중장기요인과 단기요인에 균형적으로 대처하여 치열한 경쟁에서 생존할 수 있다. 중장기 성과목표를 제시할 때도 리더가 원하는 궁극적인 성과가 무엇인지를 명확하게 보여줘야 한다는 것은 두말하면 잔소리다. 미래에 달성해야 할 성과목표가 눈앞에 입체적으로 떠오르면 떠오를수록, 그 기준을 달성하기 위한 구성원들의 행동이 더 구체적이고 명확해진다.

미래를 전혀 새로운 각도로 바라보라. 지금까지의 모든 것을 참조하되 철저히 '제로베이스'에서 미래성과목표를 디자인하고 구성원들과 공유할 때, 한 단계 도약하는 리더가 될 수 있다.

05

목표가 예측 가능하고 측정 가능해야 구성원들이 믿고 따른다

전사적으로 '성과관리 시스템을 구축하자'는 공감대가 형성되어 경영지원 본부의 김 본부장이 프로젝트를 진두지휘하게 되었다. 이에 김 본부장이 구성원들을 불러놓고 "올 한 해 우리의 전략과제는 성과관리 시스템 구축이다!"라고 선언했다면, 이는 올바른 지침을 준 것일까? 이런 애매한 기준으로는 제대로 실행했는지 평가하기 난망하다.

리더가 구성원들과 성과목표에 대한 공감대를 형성하기 위해서는, 그 목표가 한마디로 '믿고 따를 만해야' 한다. 즉 공감대를 형성하는 제1조건은 단연코 '신뢰성'이라는 말이다. 그렇다면 믿을 만한 성과목표란 어떤 것일까? 여러 가지가 있겠지만, 수많은 기업에서 성과코칭을 하면서 내가 가장 강조하는 것은 '측정 가능하고measurable 예측 가능해야predictable' 한다는 점이다. 즉 '조금만 더 하면 목표를 달성할 수 있겠다'라거나 '이 정도면 본부장님도 인정해주겠다' 하는 판단을 할 수 있어야 성과목표와 리더에 대한 믿음이 생긴다.

그런 점에서 성과목표를 객관적이고 측정 가능한 수치로 표현하는 것은 대단히 중요하다. 애매모호하게 문자로 나열한 성과기준을 부여하면 자칫 리더와 구성원이 동상이몽할 위험이 있기 때문이다. 리더가 의도한 바를 구성원이 인식하지 못하고 정반대 방향으로 일을 할 수도 있다. 아마 이 대목에서 고개 끄덕일 만한 경험을 한 번쯤 해봤을 것이다. 나름 상세히 설명하면서 과제를 주었는데도 구성원이 엉뚱한 결과물을 들고 온 적이 있지 않은가. 일의 경중에 따라 다르겠지만 만약 아주 중요한 프로젝트를 진행하고 있었다거나 재작업을 하기에 시간이 매우 촉박한 경우라면 리더와 구성원 모두 난처한 상황에 놓일 수도 있다.

문자의 대안은 '숫자'다. 목표를 숫자로 표현한다면 누가 봐도 오해 없이 성과기준을 동일하게 받아들일 수 있다. 또한 성과기준의 측정방법과 범위를 투명하게 보여주는 것은 물론, 자신이 달성하고자 하는 성과목표의 이미지를 명확하게 예측할 수 있는 만큼 구성원들의 신뢰 또한 높아진다. 만약 달성하고자 하는 성과의 모습이 구체적이고 선명하게 형상화된 이미지로 예측된다면? 구성원들은 무엇을 어떻게 해야 할지 명확한 방향이 잡힐 터이므로 업무수행의 목적지를 향해 본인의 모든 에너지를 쏟아내게 될 것이다. 이보다 강력한 동기부여가 또 어디 있겠는가. 그런 만큼 리더라면 '숫자'의 효용을 십분 활용할 필요가 있다. 특히 연구개발 또는 지원부서처럼 눈에 잘 보이지 않는 불확실하고 정성적인 업무를 책임지는 리더일수록 더욱 업무수행의 결과물을 구체화하고 객관화하려는 노력을 해야 한다.

앞서 예로 들었던 '성과관리 시스템 구축'이라는 전략과제에서 리더가 궁극적으로 얻고자 하는 것이 '시스템 구축' 그 자체일까? 그보다는 구성원들이 시스템을 활용해 탁월한 성과를 창출하는 데 중점을 두었을 것이다. 그렇다면 성과기준은 과연 어떤 형태로 제시하는 것이 바람직할까?

'성과관리 시스템 구축'이라는 과제만 달랑 제시하거나 시스템 구축의 실행 완성도를 체크하는 수준을 넘어, '구성원의 성과관리 시스템 이해도 80%' 혹은 시스템 구축을 통해 '성과목표 달성률을 20% 이상 향상시킨다'와 같이 전략과제가 궁극적으로 의도하는 목적을 수치화된 형태로 해야 할까? 아마 대부분은 그렇게 생각할 것이다. 그래야 구성원들이 의도한 바에 집중해 일을 제대로 할 수 있을 것이라고 생각하면서. 그러나 과제수행의 성과목표를 설정하면서 너무 최종적이고 궁극적인 성과목표를 제시하면 과제수행에 대한 해야 할 일을 의사결정할 수 없다. 이 사례는 성과관리 시스템 구축이 완료되었을 때 기대하는 시스템의 구체적인 완료상태를 세부구성요소로 표현하여 구체화하는 것이 훨씬 더 성과목표로서의 역할에 적합할 것이다. 계량화, 수치화에만 초점을 두지 말고 결과물의 구체적인 모습을 염두에 두고 일을 하는 것이 좋다.

성과목표를 구체적이고 객관적인 세부구성요소의 형태로 표현하는 것은 리더와 구성원들이 보다 원활하고 확실하게 의사소통하는 데 의미가 있다. 숫자만큼 오해의 여지가 없는 커뮤니케이션은 없을 테니 말이다. 다만, 숫자의 의미는 '객관성'이라는 점에 주안을 두고 숫자 자체에 너무 매몰되지는 않는 것이 좋다.

한 가지 더, 리더가 부여하는 성과목표는 구성원들이 '이렇게 일하면 되겠다'고 판단할 수 있도록 '사전 직무수행 기준'으로서의 역할을 충실히 감당할 수 있어야 한다. 즉 업무수행의 사전 향도嚮導가 되어야 한다는 것이다. 흔히 지원부서에서 많이 쓰는 지표 중 하나가 '내부고객 만족도'인데, 이는 평가지표로서의 역할을 할지는 모르지만 사전 직무수행 기준이라는 측면에서 보았을 때는 부족한 감이 있다. 왜냐하면 사전에 '내가 어떻게 일하면 내부고객 만족도가 높아지겠다'는 업무수행 방향의 기준이 정해져 있는 것이 아니라, 구성원들의 평가설문을 받아야 결과를 알 수 있는 사후판단 기준의 성격이 강하기 때문이다.

사후판단 지표는 성과기준으로 적합하지 않다. 따라서 많은 지원부서 또는 고객접점 부서에서 하는 대로 안이하게 '만족도' 같은 성과기준을 사용하는 대신, 데이터 분석을 통해 내·외부 고객들의 만족도를 높이는 데 중요한 항목들을 미리 추출해야 한다. 그 항목들 중 가장 결정적이고 중요한 것을 성과기준으로 치환해 구성원들에게 사전 직무수행 기준으로 부여하는 것이 최종성과인 만족도를 높일 수 있는 방안이다.

성과목표를 측정 가능하도록 구체화하고, 달성 정도를 구성원 스스로 점검하게 하면 어떤 결과가 나올까? 여기 내가 관찰한 유통회사의 실제 사례가 있다. 그 회사 인사팀장은 '전사 구성원의 근무만족도 향상'을 위해 자기 팀에서 무엇을 해야 할지 고민했다. 과거에는 '구성원 만족도'라는 성과지표를 놓고 80점, 90점 하는 식의 목표를 정하기도 했지만, 분기별로 구성원들에게 만족도 설문조사를 실시해보니 애초의 예상과 사뭇 달라 곤혹스러웠던 적이 한두 번이 아니었다.

사정은 팀원들도 마찬가지였다. 일을 수행하기 전에는 인사팀에 대해 구성원들이 얼마나 만족하고 있는지 도무지 예상할 수 없었다. 설문조사를 통해 만족도를 수치화해 평가하기는 하지만, '사후판단 기준'이었기에 결과를 미리 예측하기는 어려웠다. 고민 끝에 인사팀장은 회사의 전체 구성원들이 만족하기 위해 인사팀이 반드시 해야 할 일이 무엇인지부터 찾아보기로 했다. 우선 구성원들이 인사팀에게 불만을 느낀 요인은 무엇인지, 그리고 가장 중요하게 요구하는 역할은 무엇인지를 꼼꼼히 분석하는 작업부터 시작했다.

가장 먼저 눈에 띈 불만은 타 부서에서 문의사항이나 개선방안을 요청했을 때 인사팀의 피드백이 늦다는 점이었다. 그래서 인사팀장은 팀원들에게 타 부서에서 요청받은 과제에 대해 '피드백 시간'이라는 사전직무수행 기준을 성과지표로 삼고, 성과목표를 '요청받은 날로부터 3일 이내'로 정했다.

이러한 일련의 과정을 통해 팀장은 팀원들에게 내부고객 만족 기준에서 좀 더 뚜렷한 목표의식을 심어주게 되었다. 그

뿐 아니라 구성원 만족도에 핵심적인 영향을 미치는 '피드백 기간'을 단축함으로써 타 부서의 인정을 받으며 인사팀 업무를 한층 원활하게 추진할 수 있게 되었다고 한다.

리더는 뒤에서 언제나 '신뢰'라는 든든한 버팀목으로 있어야 한다. 믿을 수 있는 성과기준을 구성원들에게 제시하는 것은 매우 중요하다. 리더가 생각하는 성과목표를 구성원들이 오해 없이 동일하고 일관되게 받아들이는 것, 여기에서 리더에 대한 신뢰가 시작된다. 성과목표를 신뢰하게 되면 자신의 달성 정도를 스스로 점검해서 평가결과를 예측할 수 있고, 이는 다시 평가 만족도를 높여줌으로써 추후 보상에 대한 신뢰도까지도 높여준다.

그런 점에서 구성원들을 어떻게 능동적으로 움직이게 할 것인가는 전적으로 리더에게 달려 있다. 구성원들의 마음속에 '쉽지는 않겠지만 저 목표를 달성한다면 정말 좋겠다' 하는 마음이 들게끔 성과에 대한 기준을 명확하게 제시해주고, 그것도 아주 구체적인 표현으로 공감대를 형성하는 것이 동기부여를 극대화하는 길임을 잊지 말자.

06

'미들 업 다운' 목표설정으로 타당성을 확보하라

"이달 말까지 각자 내년도 성과목표를 제출하세요. 여러분이 제출한 목표를 취합해서 내년의 우리 팀 목표로 본부장께 보고하겠습니다."

11월쯤 되면 모든 조직은 이듬해 목표를 세우느라 바쁘다. 1년 전에도, 10년 전에도 이 연례행사(?)는 지속되었는데, 그 와중에 한 가지 눈에 띄는 변화가 있다. 리더가 '당신은 이것, 당신은 저것' 하며 일방적으로 목표를 할당하는 것보다 '스스로 목표를 세우라'며 위임(?)하는 경우가 많아졌다는 것이다. 권위 넘치는 리더보다 구성원의 의견을 존중하는 민주적인(?) 리더가 되겠다는 의지를 표명하면서. 개중에는 360도 피드백 등 다면평가가 보편화되면서 '인기관리'의 방편으로 이런 정책을 펴는 이들도 없지는 않은 듯하다.

그러나 의도가 어떻든, 바텀업bottom-up 방식의 목표설정에는 문제가 있다. 성과목표를 세울 때 가장 유념해야 할 요소인 '타당성'이 결여되기 때문이다.

"아니, 스스로 성과목표를 세우니 동기부여가 되어 자연스럽게 실행의지도 높아질 텐데, 타당성이 결여되다니?" 이렇게 반문하는 사람도 있을 것이다. 그러나 생각해보자. 구성원들이 각자 자기 생각대로 제시한 목표 사이에 균형과 조화가 유지된 적이 있던가? 전체 조직이 지향하는 성과목표가 그 안에 충실히 반영돼 있던가? 수많은 리더들의 경험상 그런 이상적인 결과는 거의 나타나지 않는다. 오히려 기존 실적을 기준으로 '올해 이만큼 했으니 내년에는 올해보다 조금만 더 하면 되겠지' 하고 비교적 덜 도전적인 목표를 세우기 십상이다.

성과목표가 타당해야 리더와 구성원이 서로 공감할 수 있고, 그래야 구성원의 실행력이 높아져 목표를 달성할 수 있음은 당연하다. 요컨대 타당성이란 성과목표 달성의 원동력인 셈이다. 그런데 구성원 개개인의 성과목표가 아무리 확실한 숫자로 표현되어 오해의 소지가 없고 예측 가능하다 하더라도, 기본적으로 그것이 단위조직의 성과목표 달성을 위한 전략방향과 잘 맞지 않는다면, 그것은 타당한 목표가 되지 못하고 구성원의 목표의식을 자극하지도 못한다.

리더가 성과목표를 타당성 있게 부여하려면 기본적으로 탑다운top-down 방식이 선행될 필요가 있다. 대신 일방적인 탑다운이 아니라 조직의 성과목표를 달성하기 위한 전략과제를 구성원들과 충분히 협의하여 결정한 다음, 전략과제 실행에 대한 역할분담을 확실히 하는 방식으로 전개되어야 한다. 즉 기계적인 탑다운 방식으로 목표를 디바이딩dividing하여 나누어주는 것이 아니라 목표달성을 위한 전략협의가 선행되어야 한다는 것이다. 이렇게 리더가 성과목표를 부여하면 구성원들은 자신의 목표를 달성하기 위한 전략을 자율적으로 수립해야 하고, 리더는 이를 위임해주어야 한다. 그래야 구성원들의 전략실행력이 높아진다. 이처럼 중간에 리더와 구성원 사이에 전략에 대한 공감대를 형성하는 '미들 업 다운middle-up-down' 방식으로 전개되는 것이 바람직하다.

이 방식은 어떤 점에서 의미가 있을까? 먼저 리더는 타당한 근거를 가지고 구성원들에게 목표수준을 부여하고, 구성원들은 목표달성 방안을 객관적인 자료를 바탕으로 리더에게 제시할 수 있게 된다. 즉 구성원들로 하여금 자신의 성과목표를 명확하게 인식하게 하고, 실행방법의 선택권한을 자율적이고 창의적으로 행사하게 하고, 그 결과에 책임지게 할 수 있다. 이것이 '자기성과 경영자'의 참모습 아니겠는가? 이처럼 구성원들이 책임지고 실행해야 할 성과목표에 대한 전략적 연계성을 확보한 상태에서 구성원들에게 실행권한을 위임하는 것은 리더가 원하는 성과를 달성하는 데 매우 핵심적인 역할을 한다.

그런데 여전히 많은 리더가 목표설정조차 구성원들에게 맡겨버리거나, 몇몇 주요 담당자들로 하여금 성과목표를 설정하게 해서 일방적으로 나누어주기식으로 부여하고 있다. 이렇게 해서는 구성원들이 자신과 조직의 성과목표가 어떻게 연계되는지 쉽게 납득하기 어렵다. 목표를 달성해야 할 명분이 약해져 성과극대화를 위한 실질적인 목표수립이 어려워지는 것은 당연한 귀결이다.

물론 탑다운이 가미되어야 한다고 해서 리더가 구성원에게 일방적으로 성과목표를 하달하라고 기계적으로 해석하면 곤란하다. 성과목표에 대해 공감대를 형성하기 위해서는 리더와 구성원이 모여서 치열한 토론을 해가며 조직의 성과목표를 달성하기 위한 전략과제와 목표수준을 공유해야 한다. 그 자리에서 구성원들은 지금 자신이 하고 있는 과제나 일들이 상위조직의 성과에 얼마나 큰 영향을 미치는지 알게 되는데,

이는 동기부여 측면에서 대단히 중요하다.

성과목표 기준을 설정할 때 구성원을 참여시키는 것도 좋은 방안이다. 리더가 성과목표를 제시해야 한다는 것은 일종의 '체계'이자 '제도'라면, 구성원들의 참여는 정서적 측면이 강하다. 구성원들 스스로 성과목표의 기준을 세움으로써 리더가 부여한 목표에 대해 마음으로부터 이해하고 받아들일 수 있는 단초가 되기 때문이다.

리더에게 '구성원과의 공감대 형성'은 매 단계 간과할 수 없는 중요한 성과창출 요건이다. 아무리 작은 일이라도 구성원들이 참여하게 되면 그들 스스로 책임감을 느끼고, 좋은 성과를 만들기 위해 노력하게 돼 있다. 하물며 그것이 본인의 성과목표를 정하는 자리라면 더욱 그렇지 않겠는가. 아무리 좋은 성과목표와 계획이더라도 당사자가 공감하지 못하면 빛좋은 개살구요, 그림의 떡일 뿐이다. 자신이 달성해야 할 목표를 정하는 데 배제됐으니, 구성원들이 느낄 소외감이 어떻겠는가. 이 점을 잘 관리하지 않으면 구성원들 사이에 수동적이고 냉소적인 분위기가 팽배할 위험이 있다. 따라서 리더는 다소 시간이 걸리더라도 구성원들과의 토론을 통해 성과목표를 설정하고 공감대를 형성하는 데 많은 노력을 해야 한다.

07

통제할 수 없는 목표는 처음부터 부여하지 마라

하버드대학의 저명한 경제학자가 수십 년 동안 주식을 연구해서 투자했다. 그리고 한쪽에서는 원숭이가 무작위로 점찍은(?) 주식 몇 가지에 투자했다. 몇 년 후 이들의 투자결과는 어떻게 될까?

경제학자 맬킬Burton Malkiel에 따르면, 이 둘의 차이는 거의 없다고 한다. 제아무리 경제 흐름을 줄줄이 꿰고 있을 것 같은 하버드대 교수라도, 본인이 예측해서 통제할 수 있는 범위는 제한적이기에 일정 수준 이상의 수익률을 보장받기는 어렵다는 것이다.

콩트의 한 대목으로 어울릴 것 같은 이 이야기에는 당신이 중요하게 새겨야 할 함의가 담겨 있다. 우리는 흔히 하버드 경제학자라 하면 경제에 대해 다 알아야 한다고 생각하고, 조금만 예측이 빗나가도 그 역량을 의심하곤 한다. 인간이 결코 통제할 수 없는 환경변수에 대해서는 깡그리 무시하면서 말이다. 이런 현상은 조직에서도 심심찮게 일어난다. 구성원들이 결코 통제할 수 없는 변수를 강요하는 리더들이 적지 않다. 앞서 우리는 성과목표에 대해 구성원들과 공감대를 형성하려면 그 목표가 신뢰성과 타당성을 갖추어야 한다는 점을 살펴보았다. 이와 더불어 또 하나의 요건이 있다. 그것은 바로 '납득성'이다.

'납득성'은 어떻게 생기는가? 리더가 부여한 성과목표가 실행 가능한 통제범위 안에 있는가에 달려 있다. 한마디로 '아, 이건 내가 조금만 노력하면 충분히 할 수 있겠다'고 스스로 받아들일 만해야 한다는 것이다. 자신의 힘으로는 어찌해볼 수 없는 조건으로 가득한 목표를 부여받는다면, 어느 누가 그 목표를 순순히 받아들이며 의지를 갖고 실행에 옮기겠는가. 예컨대 경제환경 변화와 같이 우리가 통제할 수 없는 부분을 포함한 성과목표는 개인의 노력으로 개선시킬 사항이 별반 없는, 어떻게 보면 무의미한 성과목표가 될 수 있다.

이와 관련한 실제 사례를 살펴보자. 자동차 부품소재를 생산하는 지방의 어느 중소기업에서 생긴 일이다. 이곳은 비록 규모는 작지만 고객사의 요구에 부응하기 위해 부서 간의 협업을 강화하는 등 다양한 혁신활동을 전개해온 유망한 기업이다. 이 회사에서 사용하는 원자재는 100% 수입에 의존하는데, 그러다 보니 구매팀장은 항상 환율의 등락에 민감할 수밖에 없다. 환율에 따라 제조원가가 달라지기 때문이다. 원자재 수입가를 낮춰 수익을 내야 하는데, 환율이 어디 그의 마음같이 움직여주는가? 환율 스트레스에 시달리던 구매팀장은 급기야 구성원 1명에게 환율 변동폭을 10% 이내로 줄이는 것을 성과목표로 주었다고 한다. 과연 그는 올바른 성과목표를 부여한 것일까?

아니다. 통제 가능성이 '0'이기 때문이다. 그 구성원이 환율 변동폭을 10% 이내로 줄이기 위해 과연 어떤 실행계획을 실천할 수 있었을까? 그리고 그 결과 본인의 의도대로 환율이 움직여주었을까? 모르긴 몰라도 그 구성원은 이런 '말도 안 되는 목표'를 줬다고 팀장을 원망하며 술잔깨나 기울였을 것이다.

이처럼 구성원들이 결코 통제할 수 없는 변수를 가지고 전전긍긍하게 하는 것은 결코 바람직하지 않다. 심하게 말하면 구성원을 '바보'로 만드는 짓일 뿐이다.

구성원들의 실행력은 어디서 나오는가? 그것은 목표를 달성할 수 있겠다는 기대와 믿음에서 나온다. 구성원들 스스로 이런 기대를 품게 만드는 원동력은 바로 '내 힘으로 할 수 있다'는 통제 가능성과 납득성에 있다. 이 점을 인식한다면, 리더는 자신이 부여하는 성과목표가 구성원들이 납득할 만하고 통제 가능한 수준인지 항상 실행전략과 방법을 바탕으로 생각해야 한다.

이 중에서 특히 다음의 2가지 요인을 필수적으로 검토해야 한다. 성과목표 달성에 결정적인 영향을 미치는 '핵심성공요인'과 '예상리스크요인'이 바로 그것이다. 당신의 조직을 둘러싼 내외부 환경 중 어떤 요인이 성과달성의 도약대가 되고 어떤 요인이 걸림돌이 될 것인지를 따져서 대응방안을 마련하고, 대안에 대한 실행 가능성을 높이는 노력을 기울여야 할 것이다.

이런 관점에서 생각한다면 역설적으로 통제 불가능한 지표라고 해서 마냥 방치해서도 안 된다는 점을 깨닫게 된다. 예컨대 앞서 소개한 중소기업이 환율 변동폭을 10% 이내로 통제할 수는 없지만, 이를 예상리스크요인으로 상정할 수는 있지 않을까? 원자재 가격 변동폭이 10%를 초과할 경우 별도의 가격을 설정한다든가 하는 계약조건을 두어 불확실성을 최소화한다면, 궁극적으로 환율조차 통제 가능한 형태로 관리할 수 있을 것이다.

구성원들이 통제할 수 있는 범위를 넘어서는 성과목표나 전략을 논의하는 것은, 리더가 평소 생각하는 것보다 훨씬 비생산적이다. 구성원들이 통제할 수 없는 변수나 상황을 관리하지 못했다고 그들을 탓하는 시간에, 구성원들이 개선해나갈 수 있는 선행과제 또는 변수들을 성과목표로 설정해 제시하는 것이 훨씬 생산적이고 바람직하다.

물론 리더인 당신만 잘한다고 통제 가능성이 높아지는 것은 아니다. 구성원들도 자신에게 주어진 성과목표를 잘 분석해 과연 본인의 책임업무 내에서 통제 가능하고 본인의 힘으로 개선시킬 수 있는지 파악해야 한다. 그 결과 '아니오'라는 판단이 나왔다면 재빨리 리더와 상의해 성과를 달성하기 위한 선행과제를 수행하는 쪽으로 방향을 선회해야 할 것이다.

다만 여기에는 조건이 있다. 실현 가능하고 통제 가능한 목표를 설정한다는 미명 하에 구성원들이 목표수준을 낮게 설정하는 것을 용인해서는 안 된다는 것이다. 구성원들이 납득할 수 있는 목표를 '구성원들이 쉽게 달성할 수 있는 목표'로 오인하는 경우가 있는데, 그러면 바텀업 방식의 오류를 또다시 답습하게 될 뿐이다. 그러므로 성과목표의 눈높이를 낮출 것이 아니라, 창의적인 아이디어와 델리게이션을 통해 '도전적인 목표'를 '실현 가능한 목표'로 바꿔나가야 할 것이다. 이 모든 과정을 리더의 격려 아래 주도한다면, 제아무리 어려운 목표가 도출된다 해도 '한번 해보자'는 공감대를 충분히 형성할 수 있을 것이다. 그리고 성과를 달성하는 과정에서 구성원의 성장을 지켜보는 보람 또한 누리게 될 것이다.

두 번째 원칙

어설픈 '의지' 대신 '하우투'를 확인하라

인과적인 목표전략 코칭

08

질문을 통해 '성과목표조감도'를 완성하라

"주문하신 돈가스 나왔습니다."

"어? 내가 시킨 게 이거예요?"

"네, 손님께서 돈가스 시키지 않으셨어요?"

"그렇긴 한데…."

박 팀장이 기대했던 음식은 양식 돈가스였는데, 주방에서는 일식 돈가스를 내왔다. 둘 다 고기에 튀김옷을 입혀서 만든 것은 같지만, 소스 등에서 서로 다른 맛이 나는 음식이다. 메뉴를 꼼꼼히 확인하지 않은 박 팀장의 불찰이었다.

당신은 구성원들에게 성과목표를 알려주고 목표수준에 대해 서로 공감하는 과정을 거쳤다. 자, 그렇다면 당신과 구성원들이 각자 머릿속에 그리고 있는 최종결과물은 과연 똑같을까? 안타깝게도 그런 경우는 많지 않다.

'내가 봐도 우리 팀이 사업계획을 꽤 잘 세웠군' 하고 자부했던 적이 있는가? 나름 목표설정을 잘했다고 하는 경우를 보면, 대개 리더와 구성원 간에 최종결과물을 지표나 숫자의 형태로 얼핏 합의했을 뿐, 구체적인 상태와 모습까지 미리 공유한 사례는 드물다. 메뉴판에서 '돈가스'라는 세 글자만 어설프게 공유(?)한 박 팀장처럼 말이다.

조직에서도 마찬가지 상황이 벌어진다. 리더는 양식 돈가스를 생각하면서 일을 시켰는데, 구성원은 일식 돈가스라는 결과물을 가지고 올 가능성은 언제나 있다. 이때 구성원으로 하여금 리더가 원하는 양식 돈가스를 만들게 하려면 어떻게 해야 할까? 리더 자신이 기대하는 돈가스의 '완성된 모습to-be image'을 세밀하게 보여줘야 한다.

집을 지을 때 조감도나 설계도면을 허투루 다루어서는 애초에 기대했던 멋진 집을 결코 지을 수 없다. 그러기는커녕 집의 안전에 문제가 생기고, 때로는 사람이 살 수 없는 지경에 이를 수도 있다. 일을 할 때도 목표를 수립할 때는 기대목표의 상태, 조건, 기준 등을 구체적으로 제시하여 구성원을 코칭해야 한다.

다음의 예를 한번 보자. 영업팀 김 팀장은 이 과장에게 신규사업 가맹점을 늘리는 방안에 대해 보고서를 제출하라고 했다. 얼마 전 승진한 이 과장이 부여받은 첫 업무지시였다. 그렇기에 이 과장은 매일 퇴근시간을 조금 늦추면서 열심히 아이디어를 짜서 보고서를 작성해나갔다. 그러기를 며칠, 마침내 최종보고서가 완성되었다.

다음 날, 이 과장은 아침 일찌감치 출근해 팀장에게 제출할 보고서를 한 번 더 살폈다. 문서에는 며칠 동안 고심한 흔적이 고스란히 담겨 있었다. 이 정도면 되겠다고 자신한 이 과장은 곧 옷매무새를 가다듬고 김 팀장에게 갔다. 그런데 이게 웬일, 보고서를 검토하던 김 팀장의 반응이 뜻밖에 싸늘한 것이 아닌가.

"이런 아이디어를 가지고 과연 가맹점이 몇 개나 늘어날 것 같아? 역량 있는 친구가 왜 이래? 더 신선하고 획기적인 아이디어 좀 가지고 와봐!"

아침부터 잔소리를 한바탕 들은 이 과장은 의기소침해져서 커피 한잔을 뽑아들고 생각에 잠겼다.

'칫, 그렇게 잘나셨으면 본인이 한번 해보라지. 며칠 동안 퇴근시간도 늦춰가면서 고심한 아이디어를 5분 만에 내던져? 이 아이디어가 뭐가 어때서?'

아침부터 팀장의 질책을 받은 이 과장의 하루는 그렇게 '잔뜩 흐림'으로 시작되었다.

분명 이 과장은 지시받은 업무를 최선을 다해 이행했다. 하지만 김 팀장의 마음에 들지 않았다. 이 과장이 업무를 제대로 해내지 못했으니 김 팀장에게 꾸중을 듣는 것이 당연할까? 물론 리더가 원하는 바가 무엇인지 확인하지 않은 이 과장에게도 문제가 있다. 그러나 김 팀장은 무조건 이 과장을 나무라기 전에, 리더로서 자신에게 더 많은 과오와 책임이 있지는 않은지 냉정하게 살펴봤어야 했다. 만약 신규사업 가맹점을 확보하기 위해 TV나 미디어를 대상으로 하는 홍보전략 말고, 비용을 줄이면서 고객을 확보할 수 있는 전략을 가져오라고 이 과장에게 미리 언질을 주었다면 결과는 어떠했을까?

김 팀장은 이 과장에게 '일의 목적', '추진배경', '일이 완성되었을 때의 모습', '일을 통해 달성하고자 하는 기대효과' 등에 대해서 제대로 전달했어야 했다. 책의 앞머리에서 언급했듯이, 리더가 구성원의 역량이 부족하다고 탓하는 것은 궁극적으로 '누워서 침 뱉기'다. 외부환경과 구성원의 역량부족 등 당장 자신이 어떻게 손쓸 수 없는 요인을 탓하는 리더는 본인부터 성과창출자로서 '자질 부족'이라는 점을 알아야 한다.

목표를 결정하는 사람으로서, 리더는 최종성과물의 이미지를 누구보다 명확히 알고 있다. 이 말은 곧 일을 체화하고 형상화하는 사람은 '구성원'이 아닌 '리더' 당신이라는 말이 된다. 반면 당신이 생각하고 있는 최종적인 성과물의 이미지를 구성원이 명확하고 정확하게 안다는 것은 결코 쉽지 않다. 그들이 당신의 머릿속과 마음속을 꿰뚫어볼 수는 없지 않은가. 그렇기에 더욱더 최종성과물에 대한 전략적 코칭이 필요하다.

단, 코칭을 한다고 구성원을 붙잡아 앉혀놓고 일장훈시를 늘어놓는 것은 금물이다. 자칫 코칭이 아니라 구성원이 그토록 싫어하는 '잔소리'가 될 수도 있으니 말이다. 특히 평소 코칭에 익숙지 않은 리더라면 무조건 구성원을 붙잡고 설명을 늘어놓을 것이 아니라, 그들에게 질문을 해볼 것을 권한다.

대부분의 리더들은 "이거 해, 저거 해" 하며 아무 생각 없이 할 일을 지시한다. 반면 뛰어난 리더는 지시보다 '질문'을 애용한다. 그것도 '예, 아니오'를 묻는 단답형 질문이 아니라, 견해나 의견을 요구하는 개방형 질문open question을 한다. 개방형 질문은 질문을 받는 사람으로 하여금 뭔가 생각하게 만드는 힘이 있기 때문이다.

왜 질문이 필요할까? 궁극적으로 '지시'의 성격이 짙은 내용이라도, 그 내용을 질문으로 유도하면 구성원들은 대답을 하는 과정에서 자신의 판단이 반영됐다고 느끼고, 자연스럽게 더 큰 책임감을 느껴 자발적으로 동기부여가 되기 때문이다. 반면 일방적으로 지시받은 구성원들은 아무 생각할 필요가 없다. 무념무상, 그저 하라는 대로 시키는 대로 할 뿐이다.

지시와 질문이 가져오는 결과의 차이는 조직 현장에서 심심치 않게 목격되는 바다. 대개의 리더는 구성원에게 성과목표에 대한 답을 분명히 짚어주지는 않고 그저 일의 기준과 원리, 조건, 상태 등에 관해 몇 가지만 일러준다. 그러고는 구성원들이 알아서 척척 잘해오기를 바란다. 구성원들은 어떤가? 지시에 익숙해진 구성원 입장에서는 스스로 진지하게 고민해서 대안을 모색하기보다는 리더의 의견에 맞는 답안을 만들어서 확인받고 그대로 실행하고 싶은 마음이 더 크다. 정말 중요한 '성과'를 내는 대목에서 서로에게 판단과 책임을 미루는 것이다.

물론 일을 수행하는 시간만을 계산한다면 단순히 지시하고 명령받아서 처리하는 편이 훨씬 효율적일 수 있지만, 이것은 궁극적으로 구성원에게 독이 든 잔을 건네는 것과 같다. 한번 지시에 맛을 들인 구성원은 다음 과제에서 자신도 모르는 새 또다시 리더의 업무지시, 명령을 기다리게 된다. 그렇게 해서 서서히 수동적인 존재가 되는 것이다.

리더와 구성원 간에 지시와 복종만 있고 대화는 실종된 조직이 많다. 단언하건대, 그 조직은 생명을 상실한 조직이다. 오직 리더의 경험과 지식 하나에 조직의 명운을 걸어야 하기 때문이다. 혹시 당신은 일을 시킨다면서 구성원들의 팔다리만 사용하고 있는 것은 아닌가? 그렇게 그들의 역량을 갉아먹고 있지는 않는가? 스스로 자문해볼 일이다.

구성원들의 역량을 키우고자 한다면, 그들에게 처음부터 전체를 보는 시야를 심어주어야 한다. 왜 이 일을 시키는지 설명해주어라. 어떻게 일이 완성되어야 하는지 그림을 그려줘라. 그러면 구성원들은 자신의 머리로 생각하고 움직이기 시작할 것이다.

09

‘98% 설명’에
만족하지 말고
한 번 더 코칭하라

"네, 알겠습니다!"

어떤 일을 맡겼을 때, 당신이 가장 많이 듣는 말이 아마 '알겠다'일 것이다. 그렇게 호언장담을 해놓고 1주일 후, 핵심을 전혀 짚지 못한 결과물을 맞닥뜨린다면? 십중팔구 "알겠다고 호언장담하더니, 알긴 뭘 알아?"라며 열을 낼 것이다.

구성원의 '알겠다'는 말을 맹신하지 마라. 알아서 하라고 믿고 맡기지도 마라. 그들이 거짓말을 하기 때문에 믿지 말라는 것이 아니다. 당신이 먼저 그들에게 '알게끔' 코칭을 해준 연후에 그 말을 믿으라는 뜻이다.

내가 아는 어떤 회사에서는 구성원들이 "네, 알겠습니다"라고 하지 않는다. 대신에 "네, 즉시 실천하겠습니다"라고 대답하도록 회사에서 원칙을 만들었다. 하나마나한 말 대신 행동으로 옮기겠다는 약속을 하고, 그 방안을 모색하라는 취지다. 물론 그 안에는 구성원들이 실행할 수 있도록 리더가 목표와 전략에 대해 코칭해주라는 뜻이 숨어 있다.

성과목표를 부여하고, 목표달성의 구체적인 조건까지 제시했다면, 이제 리더의 코칭은 끝이 난 것일까? 천만에! 지금부터가 본격적인 시작이다. 정해진 업무를 처리하는 데는 현장 구성원들이 뛰어나겠지만, 성과창출을 위해 고려할 사항을 점검하는 데는 리더의 시각이 없어서는 안 된다. 그러니 주어진 성과목표와 전제조건에 따라 구성원들이 어떤 전략과 방법으로 실행할 것인지에 대해 성과코치로서 예리한 코칭을 해주자.

이때 염두에 두어야 할 중요한 포인트가 있다. 바로 '타이밍'이다. 당신은 대개 어느 시점에 코칭을 하는가? 많은 기업을 컨설팅하면서 리더들에게 '코칭'에 대해 물어보면, 대부분 '평가 피드백'을 떠올리곤 한다. 일이 다 진행되고 결과까지 나온 다음에 조언하는 것이다. 이것이야말로 '사후약방문' 아닌가? 당신이 해야 할 것은 '성과코칭'이며, 이를 위해서는 사전에 목표달성을 위한 전략을 코칭하는 것이 매우 중요하다. 이 개념을 확실히 짚고 넘어가는 것이 좋을 듯하여, 조금 구체적으로 설명해보고자 한다.

먼저 성과코칭에 대해 살펴보자. 일반적으로 코칭이라 하면 '사람에 대한 자질코칭'을 가리킨다. 그렇다면 '사람에 대한 자질코칭'과 '성과코칭'은 무엇이 다른가? 굳이 특징을 나누자면 '사람'과 '일'로 구분할 수 있을 것이다. '사람 자질코칭'은 주로 코칭대상자가 다른 사람과의 관계 속에서 발휘해야 할 역량에 초점을 맞추어 진행되는 관계지향적, 개인지향적 성격이 짙다. 이에 반해 '성과코칭'은 코칭대상자가 역할과 책임에 대한 성과를 창출할 수 있도록 성과창출 프로세스에 집중한다. 즉 비전을 제시하고 성과목표를 설정하고 전략을 수립하고 실행해 탁월한 성과를 창출하도록 하며, 그 성과에 대해 피드백하는 일련의 전략적 과정을 코칭하는 것을 말한다.

성과코칭은 크게 3단계로 나뉘는데, 그중에서도 특히 중요한 부분이 '전략코칭'이다. 이는 목표달성을 위해 집중할 전략과 방법에 대한 코칭으로, 차지하는 비중도 가장 크다. 이 밖에 실행과정에서 일어나는 '캐스케이딩과 협업코칭', 일이 끝난 다음에 전략의 효과성에 대해 피드백하는 과정에서 일어나는 '피드백 코칭'이 있다.

이 3가지 코칭 중에서 가장 먼저 진행되는 것이 바로 전략코칭이다. 즉 전략을 '실행하기 전에' 성과목표를 서로 공감하고 목표달성전략과 실행방법에 대해 리더와 구성원이 협의하고 조언하는 과정이다. 의도했던 성과를 달성하기 위해서는 일이 시작되기 전에 코칭을 해야지, 다 끝난 다음에 "이렇게 했으면 좋았을 것을…" 하는 것은 조금 심하게 말해 불난데 부채질하는 것밖에 되지 않는다. 구성원들이 실행전략에 대해 전혀 코칭을 받지 않고 무턱대고 일에 뛰어든다면, 그중 몇 명이나 리더의 의도대로 성과를 낼 수 있겠는가? 그래서 타이밍이 중요하다고 한 것이다. 코칭할 내용이 있다면, 나중으로 미루지 말고 일을 시작하기 전에 가급적 구체적이고 풍부하게 주도록 안배하는 지혜가 필요하다.

리더가 구성원들에게 해야 하는 전략코칭은 크게 '프리pre 전략코칭'과 '메인main 전략코칭' 2단계로 나눌 수 있다.

'프리 전략코칭'은 리더가 성과목표를 알려준 후, 구성원들이 성과목표의 조감도를 얼마나 이해하고 있는지 확인하고, 공감대를 형성하며, 대략 어떤 전략과 방법으로 실행할지에 대해 코칭하는 것을 의미한다.

다음으로 '메인 전략코칭'은 프리 전략코칭을 바탕으로 구성원들이 공략해야 할 타깃과 실행방법을 구체적으로 소통하는 단계다. 전략을 실행하면서 고려해야 할 핵심성공요인과 예상리스크요인은 잘 도출되었는지, 선택과 집중의 원칙에 따라 전략과 방법이 전개되었는지, 반드시 필요한 실행자원은 무엇인지 등에 대해 코칭해준다. 이때 목표달성을 위한 타깃을 합의하는 것이 중요하다.

비록 함께 일한다 해도 리더와 구성원 사이에 생각하는 목표수준은 서로 다를 수 있다. 앞서 예로 들었던 김 팀장과 이 과장의 사례를 다시 생각해보자. 이 과장이 게으름 피우지 않고 며칠 동안 고생하면서 일을 처리했지만 김 팀장은 전혀 만족하지 못했다. 그 이유는 아마도 서로가 생각하는 목표의 수준이 달랐기 때문일 것이다.

대개 리더는 구성원보다 생각하는 목표수준이 높다. 그렇기에 구성원의 결과물이 리더의 기대수준에 못 미치는 일이 종종 벌어진다. 서로가 생각하는 목표의 수준이 다르니 피차 상대방의 성과와 피드백이 실망스러운 것은 당연지사. 이런 과정이 반복될수록 구성원의 사기는 점점 저하될 것이 불을 보듯 뻔하다. 딴에는 최선을 다해 노력했는데도 리더가 만족할 만한 성과물을 얻지 못하기 때문이다.

만약 일을 실행하기 전에 리더가 생각하고 있는 최종결과물에 대해 구성원에게 설명하고, 실행하기 전에 적절히 코칭해 주었다면 결과는 어땠을까? 화를 내는 김 팀장과 의기소침해진 이 과장이 생각하는 목표수준과 실행방향의 간극은 상당히 좁혀졌을 것이다.

목표수준에 대해 합의했다면 구체적인 실행전략을 세우는 것은 담당자의 몫이다. 실행전략이 세워지면, 본격적으로 일이 진행되기 전에 리더로서 전략에 대한 의견을 주자. 이때 구성원은 목표의 아웃풋 이미지나 전략에서 모호한 점이 있으면 묻고, 리더는 최종성과물의 조건에 대해 설계해주고 타깃을 설정하는 방법과 이유 그리고 대상을 공략하는 방법에 대해 코칭한다.

여기서도 '일장연설' 식의 코칭은 삼가자. 오히려 당신의 생각을 밝히기 전에 구성원에게 실행전략을 먼저 고민해오게 하는 것이 옳다. 그런 다음 코칭이 따라와야 한다. 코칭할 때도 실행 담당자의 의견을 최대한 경청한 다음, 당신이 어떻게 생각하는지 그 배경과 이유를 밝혀가며 조근조근 설명해줘야 한다. 물론 이때도 구성원들의 역량수준에 따라 코칭의 형태는 다르게 전개되어야 할 것이다.

사전 코칭이 이루어지고 본격적으로 일이 진행되기 시작했다면, 그에 맞게 당신의 코칭도 조금 달라져야 한다. 예를 들어 살펴보자. 프랜차이즈 외식회사에 근무하는 1년차 박 사원은 이 파트장으로부터 회사 안내 브로슈어를 새로 만들어보라는 임무를 받았다. 기존의 브로슈어를 좀 더 세련되고 깔끔하게 디자인해보라는 것이었다. 이 파트장은 기존 브로슈어를 보여주며 설명했다.

"내용은 고칠 필요 없어. 낡은 느낌이 나는 어휘를 좀 더 세련되게 다듬으면 될 거야. 그리고 이 디자인은 너무 무겁고 딱딱한데, 좀 밝고 경쾌한 느낌을 주면 좋겠어. 1주일 정도면 충분하겠지?"

"네, 그 정도면 충분합니다."

산업디자인과를 졸업한 박 사원에게 회사 브로슈어 디자인 정도는 그다지 어려운 과제가 아니다. 게다가 그는 입사 성적도 우수한 소위 '슈퍼루키'. 조직에서 그에게 거는 기대가 각별한 것은 물론이다. 그도 그 사실을 익히 알고 있기에 막중한 책임감 또한 느끼고 있었다.

디자인에 관한 한 수상 경력도 많을뿐더러 4년 내내 보고 듣고 배운 것이 이쪽 일인데 이것 하나 제대로 못할까 싶은 마음도 들었다. 시간도 충분했으니, 그가 못할 이유는 없어 보였다.

이 파트장 역시 박 사원의 화려한 이력에 거는 기대가 컸다. '말귀를 못 알아듣는 친구도 아니니, 이 정도 설명했으면 내 의도를 충분히 이해했겠지.' 이렇게 생각한 이 파트장은 똑똑한 구성원에게는 지나친 코칭이 자칫 '귀찮은 간섭'이 될 수도 있다는 점을 떠올리고는 실행 전 코칭을 과감히 생략했다.

업무를 부여받은 지 3일째 되는 날, 박 사원과 이 파트장이 1층 휴게실에서 마주쳤다. 커피 한잔 같이하면서 일상적인 이야기로 서로의 안부를 확인하고는 자연스럽게 하고 있는 업무로 화제가 전환되었다. 이 파트장은 브로슈어 구성은 잘되고 있는지, 어디까지 진행되었는지, 어떤 점이 어려운지 등을 물었다. 박 사원은 현재까지 진행된 업무에 대해 간단히 설명했다. 표현은 전반적으로 세련되게 바꾸었고, 현재는 전체 디자인을 살펴보고 있다고 했다. 특별히 어려운 부분은 없으며 최대한 빠른 시간 내에 결과물을 보여드리겠노라고 약속했다.

드디어 1주일 동안 공들여 만든 브로슈어를 이 파트장에게 보고하는 날. 그러나 어찌된 일인지 브로셔를 보는 이 파트장의 표정이 그다지 밝지 않다. 박 사원이 예상했던 반응과는 사뭇 다르다. 브로슈어를 찬찬히 살펴본 이 파트장이 먼저 입을 열었다.

"내가 생각했던 브로슈어와는 다른데? 나는 어휘를 좀 더 세련되게 바꿔달라고 했는데, 저번 것과 뭐가 다른지 모르겠군. 그리고 디자인을 밝게 해달라고 했더니 너무 가벼워진 것 아냐?"

박 사원의 1주일 동안의 노력이 물거품이 되는 순간이다.

물론 1차적으로는 박 사원의 불찰이다. 일을 받은 박 사원이 수정한 표현을 중간에 보고하여 코칭을 받았으면 좋았을 것이다. 또한 사람마다 '밝다'에 대한 느낌이 다르므로 구체적으로 어느 정도 밝은 분위기를 원하는지 확인했어야 했다. 그러나 그렇게만 몰아붙이기에는 이 파트장의 실수도 결코 작지 않다. 그는 '내 말뜻을 잘 알아들었겠지', '실력이 좋다고 했으니 내가 요청한 것 정도는 충분히 해줄 수 있을 거야',

'요즘 젊은 친구들은 하나하나 알려주면 잔소리라고 생각하고 귀찮아하잖아'라며 넘겼던 것이 안일한 생각이었음을 뒤늦게 깨달았다. 실행 전에 확실하게 전략과 방법에 대한 코칭을 해주었으면, 아니면 아쉬운 대로 휴게실에서 마주쳤을 때라도 확인했더라면 서로 얼굴 붉히는 일은 없었을 텐데 말이다.

이 파트장은 사전에 본인이 바라는 성과목표가 구체적으로 무엇인지를 명확히 전달하고 공유하지 못했다. 또한 목표달성전략과 그 실행방법에 대해서도 코칭하지 않았다. 이 파트장은 흔히 요즘 신입사원들은 누군가의 간섭에 대해 거부감이 심하다고 생각했다. 코칭이 간섭처럼 보이는 것을 우려해 이런 과정을 생략한 실수를 저지른 것이다.

목표를 달성하는 과정에서 예상되는 문제에 대해 해결방안을 함께 논의하는 것이 어째서 간섭과 잔소리인가? 이것은 오히려 '예방주사'다. 많은 선진기업들은 리더들에게 구성원들과 면담하고, 피드백을 제공하고, 워크숍을 통한 문제해결을 이끌어내는 '전략코치'로서의 역량과 역할수행을 요구하고 있다. 전략코칭을 하는 리더는 유능한 가이드이자, 구성원이 목표를 달성할 수 있게끔 추동하는 '이네이블러enabler'라 할 수 있다.

그런 의미에서 이 파트장은 박 사원에게 원하는 것이 무엇인지를 사전에 보다 분명히 전달했어야 했다. 다른 브로슈어 샘플을 보여주며 자신이 원하는 형식은 무엇인지 구체적으로 설명하고, 일해야 할 방향과 방법에 대해서도 다양한 사례를 들어 미리 지침을 제시하는 것이 바람직했을 것이다.

구성원의 실행역량을 비약적으로 끌어올리고 싶은가? 그렇다면 먼저 전략코칭을 제대로 하라. 전략코칭은 성과를 달성하는 것은 물론, 서로 긍정적인 관계를 형성하기 위해 리더와 구성원 사이에 이루어지는 의사소통 과정을 의미하기도 한다. 따라서 리더는 구성원의 실행과정을 지켜보면서 그들이 가진 장점과 가능성을 발견해 개발시켜주고, 자신감을 가질 수 있도록 지원하며, 용기를 주어야 한다. 이로써 구성원의 잠재력을 일깨우고 주도성과 창의성을 부추겨 개인의 성장을 도모할 수 있다.

이 모든 과정이 성공적으로 이루어졌을 때, 궁극적으로 전략코칭은 우리에게 어떤 성과를 남기게 될까? 바로 '일하는 방식의 혁신'이다. 전략코칭은 과거의 지시적 관점, 즉 일을 시키는 사람의 생각대로 일이 진행되기를 기대하는 일방적이고 배타적인 시각을 거부한다. 오히려 전략코칭은 리더의 관점이 아니라 일을 직접 집행하는 구성원의 관점에서 출발한다. 구성원들은 리더가 기대하는 목표를 명확하게 파악하고 자발적으로 실행전략과 방법을 수립하며, 리더는 그에 대해 최대한 제안하는 입장을 유지하고 전략과 방법은 직접 발로 뛸 구성원들이 선택할 수 있도록 함으로써 '일하는 방식의 혁신'을 추구하게 된다.

그러므로 전략코칭은 일방적으로 이루어질 수 없다. 리더는 자신이 원하는 바를 최대한 상세히 알려주어야 하고, 구성원은 리더의 의도가 무엇인지 한 치의 의혹도 남지 않도록 질문하고 확인해야 한다. 이러한 상호작용이 물 흐르듯 원활하고 자유롭게 이루어지기 위해서는 리더가 먼저 노력해야 한다. 구성원에게 리더는 기꺼이 의논하고 싶은 코치가 되어야 한다. 당신이 코치로서의 역할에 충실할 때, 구성원은 당신이 끝까지 함께 일하고 싶고 코칭해주고 싶은 존재로 거듭날 것이다.

'나는 구성원과의 커뮤니케이션에 문제없다'고 자신할 리더는 아직 많지 않을 것이다. 구성원들이 당신과 같은 의지로 업무에 몰입하고 성과를 향해 나아갈 수 있도록, 충분한 커뮤니케이션에 항상 힘쓰자. 성과목표를 정할 때 브레인스토밍과 워크숍 등을 통해 구성원들의 다양한 참여를 유도하자. 그렇게 했을 때 구성원들의 의지도 높아지고, 이후 업무수행 결과를 받아들이는 자세도 의연해질 것이다.

10

'나무'는 실무자에게 맡기고 당신은 '숲'을 보라

과연 구성원이 탁월한 성과를 내도록 코칭한다는 것은 어떤 뜻일까?

이는 구성원이 '스스로 상태적 목표와 전략을 수립하는 법'을 찾도록 해주는 것을 의미한다. 여기서는 '스스로'에 주목하기 바란다. 생각을 명확하게 정리하도록 지원하고 목표와 전략사이의 인과적 연관성을 찾도록 도와주어야 함은 물론이지만, 결코 구성원을 대신하려 해서는 안 된다. 어디까지나 그들 스스로 답을 생각하고 찾게끔 유도해야 한다. 리더는 시시콜콜한 방법적 디테일에 신경 쓰기보다 구성원들이 일의 전체적인 틀을 확립할 수 있도록 프레임 코칭을 해야 한다. 새로운 사고의 틀frame을 형성하고 문제해결을 위한 프레임워크를 스스로 구축하도록 끊임없이 자극을 주라는 말이다.

아울러 구성원이 부여받은 성과목표를 달성하기 위해 프레임을 짜고 전략에 대한 내용을 채워야 할 때는 콘텐츠 코칭을 하는 것이 바람직하다. 이때는 인과성, 실현 가능성을 염두에 두고 구성원들이 창의적인 아이디어로 전략에 대한 콘텐츠를 구성해나갈 수 있도록 지원하는 것이 중요하다.

전략코칭이 제대로 이루어지기 위해서는 구성원들이 일의 목적을 잘 이해하고 있어야 하지만, 그에 못지않게 리더 또한 사고의 전환을 해야 한다. 전략코칭은 단순히 업무를 분배하고 지시하고 통제하는 것이 아니다. 오히려 업무처리에 집중할 시간에 구성원의 역량을 개발하고 강화하는 데 더욱 힘써야 한다. 또한 단기성과를 위해 단순 업무관리에만 매진하지 말고, 장기적 관점에서 구성원들을 이끌어나가는 방식으로 코칭이 이루어져야 한다.

리더가 장기적 관점에서 리더답게 일하는지 아닌지를 알 수 있는 방법이 있다. 일이 주어졌을 때 실무자처럼 팔을 걷어붙이고 일에 달려드는지를 보면 된다. 과거에 현장에서 명성을 날리던 때를 떠올리며 현업에서 손을 떼지 못하는 리더들이 가끔 있다. 자신이 하면 금방 끝낼 것을, 구성원들이 질질 끌고 있다고 답답해하며 구성원들의 일을 빼앗는 것이다.

혹시 당신은 그렇지 않은가? 구성원이 하는 일에 일일이 간섭하고 있지는 않은가? 또는 예전에 당신이 했던 방식을 구성원에게 강요하고 있지는 않은가? 그러다 '앓느니 죽지' 하는 심정으로 그들이 해야 할 일까지 떠안고는 매일 야근을 일삼으며 스트레스 받고 있지는 않은가? 혹시 그런 자신의 모습을 보며 '능력 있는 리더'라고 착각하고 있지는 않은가?

현장에서 시시콜콜한 것까지 모두 챙기고 싶어 하는 리더들이 적지 않게 있는데, 리더는 결코 전지전능한 신神이 아니며 그래서도 안 된다. 리더는 구성원들이 수행하는 모든 일에 일일이 의사결정해주는 만능해결사가 아니다. 조직이 당신에게 원하는 것은 '실행력'이 아니라 구성원들에게 '제대로 델리게이션 하는 역량'이다.

그렇다면 이쯤에서 리더와 구성원의 역할과 책임이 어떻게 구분되어야 하는지 좀 더 자세히 알아보도록 하자. 무엇을 해야 리더답게 일하는 것이며, 리더답게 일을 델리게이션 하는 것일까?

빛의 속도로 변화하는 오늘날의 비즈니스 환경은 영민하던 한 사람을 순식간에 '뒷방 노인'으로 만들어버리곤 한다. 나이도 많고 트렌드에도 어두운 리더, 컴퓨터 조작에 서투르고 감각도 세련되지 못한 리더들이 얼마나 많은가. 그런데도 이들을 존경하고 따르는 후배들이 많은 이유는 무엇일까?

이유는 단순하다. 그들에게 '배울 것'이 있고 '도움 받을 것'이 많기 때문이다. 리더가 되는 과정 속에서 경험했던 모든 요소들이 직관력과 통찰력으로 발전되었기 때문에, 시대와 실행방법은 달라졌어도 문제를 해결하거나 전체를 바라보는 시각은 구성원들의 그것보다 넓고 깊다. 이를 함축한 표현이 '나무가 아니라 숲을 본다'가 아닐까. 가까운 것만 보지 말고 넓게 멀리 보라는 의미다.

상대적으로 시야가 넓지 못한 구성원들은 일을 하다 보면 1년 이상의 중장기 관점에서 일을 처리하는 것이 아니라, 월간 또는 주간 단위, 아니 당장 오늘 자신에게 닥친 일만 바라보며 사고하게 된다. 그러나 1주일 앞만 쳐다보고 일해서는 업무의 일관성도 떨어질뿐더러 연간목표나 중장기 목표가 지향하는 성과목표에 도달하기 어렵다.

이때 필요한 것이 리더의 안목이다. 리더는 해당 업무에서 한 발짝 떨어져서 넓은 시야를 확보하고 있는 만큼 조직 차원에서, 그리고 연간 또는 중장기 목표의 관점에서 전체를 보고 코칭할 수 있다. 즉 연간 성과목표와 연계된 월간, 주간, 일일

목표와 실행전략을 구성원이 수립할 수 있도록 전략코칭을 실시하는 것이다. 매달 따로 노는 월간목표를 세울 것이 아니라, 연간목표를 달성하는 데 기여하는 월간 성과목표를 설정하도록 해 목표달성 여부를 한눈에 볼 수 있도록 해야 한다. 그래야만 지난달의 성과분석을 하고 이달의 목표를 어떻게 조정해서 달성해나갈지 판단할 수 있다. 이러한 일련의 과정이 차질 없이 이루어져야 12월이 되었을 때 최종적으로 연간목표를 제대로 달성했는지를 정확하게 파악할 수 있다.

가령 가맹점사업 담당 슈퍼바이저인 최 매니저에게 배달활성화를 통한 매출신장 방안을 모색하라는 과제를 부여했다고 하자. 이에 최 매니저는 자신이 담당하고 있는 전 가맹점 대표를 직접 면담해 고객들의 요구사항이 무엇인지 파악했고, 이를 보고서로 작성했다.

문제는 최 매니저가 보고서를 쓰면서 가장 신경 썼던 것이 내용이 아니라 모양이었다는 점. '기왕이면 다홍치마'라고 보고서에 들어가는 그래프와 그림을 보기 좋게 꾸미다 보니, 정작 기대효과나 성과와 관련된 내용은 생략된 채 실행 위주의 단순 업무계획만 줄줄이 나열하다 그쳤다. 어떤가, 당신도 이런 구성원을 한 번쯤 겪어보지 않았는가?

이때 리더가 할 일은 명확하다. 고객 관점에서 점검할 사항을 놓친 채 업무실행에만 치중하는 구성원을 바람직하게 변모시켜야 한다. 오랫동안 축적해온 경험과 통찰력을 바탕으로, 전략계획을 세우고 실천할 수 있도록 숲을 보는 안목을 코칭해야 한다. 당신이 최 매니저의 팀장이라면 배달활성화를 위해 반드시 검토해야 할 지역 가맹점이 어디인지, 어떤 방법으로 배달활성화를 해야 하는지, 그리고 적절한 배달앱 활용방법과 시기는 언제가 좋을지 등에 대한 의견을 내게 하고 그에 대한 코칭을 해야 할 것이다.

아마도 팀장이 전략코칭을 제대로 실행했다면, 최 매니저는 여러 가맹점 가운데 특히 매출에 큰 영향을 미치는 종암동에 위치한 배달가맹점을 추려내 집중관리 대상으로 점찍고, 그 가맹점을 방문해 배달활성화 방안을 논의했을 것이다. 핵심적인 '타깃'만을 공략하는 것이다.

리더라는 위치에 오르기까지 당신은 많은 경험과 노하우를 축적해왔을 것이다. 그 시간과 경험을 바탕으로 당신은 직관력과 통찰력을 보유하게 되고, 전체를 조망하고, 장기적인 관점에서 성과를 낼 역량을 발휘할 수 있다. 그런데 구성원들은 리더만큼 충분한 직무지식이나 다양한 상황에 대한 경험이 부족하기 때문에 직관력과 통찰력이 뛰어나지 못하다. 다만 현장에서 업무를 직접 실행하는 데는 한 발짝 떨어져 있는 리더에 비해 유능하다. 이 차이를 잘 인식하고 역할을 분배한다면 이상적인 리더와 구성원의 조합을 이룰 수 있다.

의사결정할 때를 생각해보자. 흔히 의사결정은 리더의 전유물이라 생각하기 쉬운데, 실제 업무를 해나가다 보면 실무담당자가 판단을 내려야 할 때가 있다. 의사결정은 크게 성과목표에 대한 것과 전략과 방법에 대한 것으로 나눌 수 있는데, 일반적으로 전자는 리더가 하고 후자는 구성원들이 하도록 한다. 다만 구성원들이 생각하는 전략과 방법에 대해 리더의 통찰력을 바탕으로 한 전략코칭이 더해진다면 최상의 조합이 될 것임은 두말할 나위 없을 것이다. 통찰력이 있는 리더들은 혼란과 무질서 속에서 남들이 보지 못하는 패턴을 발견함으로써, 경쟁자보다 한발 앞서 시장 기회를 포착하고 차별화된 새로운 가치로 시장을 선도하고 당면한 문제를 해결할 수 있다.

그렇다면 통찰력은 어떻게 얻을 수 있는가?

'통찰력'이라고 하면 흔히 번뜩이는 영감 또는 무의식적으로 나타나는 신비적 요소를 떠올리곤 한다. '뉴턴의 사과'에서 묘사되듯이, 어떤 놀라운 생각이 '자신도 모르는 사이에' 머릿속을 스치고 지나갔다는 식이다.

발명의 세계에서는 어떨지 모르지만, 적어도 비즈니스의 영역에서 이런 전설은 사이비다. 리더의 통찰력은 지속적이고 의식적인 관찰과 노력으로 생겨나는 것이다. 심지어 만유인력도 사과가 떨어지는 것을 보고 얻은 영감이 아니라, 수년간의 지속적이고 집중적인 연구가 밑거름이 되어 발견했다고 하지 않는가. 그렇기에 통찰력을 높이기 위해서는 광범위하고 전문적인 지식과 경험이 반드시 필요하다. 주변 환경에 대한 폭넓은 지식을 가지게 되면 새로운 패턴을 찾아내는 것이 좀 더 쉬워진다. 이와 동시에 축적된 지식을 활용해서 다양한 의사결정을 해보아야 한다. 실제 지식이 활용되어 내재화되지 못한다면 통찰력을 높이는 데 한계가 있다.

항공산업에서 조종사의 실수로 일어나는 사고 확률이 1990년대에 들어와서 급속하게 줄어들었다. 왜 그런지 아는가? 1980년대 중반부터 이루어진 현실적인 비행 시뮬레이터의 도입 덕분이다. 강의실과 지상에서 모의훈련을 하던 조종사들은 시뮬레이터가 도입된 후 실제와 매우 흡사한 상황을 가정해 훈련하기 시작했고, 그 과정에서 비상상황에 대비해 적절한 의사결정을 내리는 연습을 수없이 반복할 수 있었다. 이러한 반복훈련을 통해 조종사들은 지식과 경험을 내재화했고, 실제 비행 도중에 위기에 맞닥뜨렸을 때 어떻게 문제를 풀어나가야 할지에 대해 통찰력을 가지고 대처할 수 있었다.

결국 통찰력은 수많은 지식의 축적과정에 의해 만들어진다. 터무니없거나 전혀 연관성이 없어 보이던 일들에 대해 해결방안을 깊이 또 깊이 고민하고, 성공과 실패를 통한 경험과 학습 등이 지속적으로 이루어진 결과 얻게 되는 것이다. 준비 없이 갑자기 탁월한 통찰력을 발휘하는 경우는 결코 없다.

높은 하늘 위에서 뛰어난 시력으로 먹이를 찾는 독수리처럼, 모름지기 리더라면 조직 전체의 목표와 전략을 사전에 조망해 일을 추진하는 것이 성과를 창출하는 지름길임을 인식해야 한다. 당신이 독수리의 시야를 갖출 때 구성원들은 그들의 주특기인 현장정보 수집과 분석, 실행에 대한 창의적인 생각으로 무장하고, 당신의 직관과 통찰력을 현실화하는 든든한 실행의 주체가 되어줄 것이다.

11

항상 모자란 시간과 돈, 어떻게 배분할 것인가?

어느 조직이나 시간, 예산, 인력(인원수와 각 개인의 능력과 역량) 등의 자원은 한정되어 있고, 한창 일하다 보면 마감은 코앞이고, 예산은 똑 떨어져 있기 십상이다. 하지만 그 일을 우리 팀이 해야 하는 것이라면, 제한된 자원의 범위 속에서 스마트하게 일을 처리해 성과를 내는 것이 리더들의 임무다. 처음에 계획을 세울 때는 충분할 것 같았는데 시간과 자원은 언제나 부족하다. 그래서 자원의 한계를 미리 파악하는 것은 매우 중요하다. 자원을 얼마나 제공받을 수 있는지 알아야 100만 원에 맞는, 또는 1억 원 한도 내에서 실행할 수 있는 현실적인 전략을 수립할 수 있기 때문이다. 그러므로 리더는 구성원에게 부여할 수 있는 시간, 예산, 인력, 정보 등의 자원들에 관해 사전에 알려주고, 이를 이용해 선택 가능한 전략을 수립하게 하도록 전략코칭을 해야 한다.

무엇보다 일을 시작하기에 앞서 첫 단추를 잘 꿰는 것이 중요하다. 자원을 효율적으로 활용하는 리더는 자기 조직의 역량과 자원을 성과창출에 결정적인 영향력을 미칠 수 있는 상위 20%의 전략적인 활동에 우선 투자한다. 우리가 달성해야 할 목표는 언제나 높고, 해야 할 일은 항상 많다. 하지만 환경적인 제약과 시간과 자원의 한계 때문에 우리는 필연적으로 선택과 집중을 할 수밖에 없다. 특히 우리에게 주어진 대표적인 자원인 시간과 예산은 항상 모자라다. 그러니 80%의 성과창출에 결정적인 영향을 미치는 20%의 전략과제를 찾아내야 한다.

그러나 우리가 일하는 방식은 어떠한가? 오늘도 대부분의 구성원들은 눈코 뜰 새 없이 나름대로 열심히 일하고 있다. 때로는 야근을 해가며 많은 양의 보고서를 만들지만, 리더가 기대하는 수준에 미치지 못해 책망만 당하는 경우를 흔하게 볼 수 있다.

왜 그럴까? 바로 핵심을 건드리지 못하고 주변만 맴돌기 때문이다. 전체를 좌지우지할 수 있는 핵심적인 20% 과제를 수행하는 데 몰두했던 것이 아니라, 주변의 곁가지 업무들에 너무 많은 힘을 소진해 정작 중요하게 우선적으로 해야 할 일들은 소홀히 했기 때문에 이런 일들이 벌어진 것이다. 이는 1차적으로 실무자의 불찰이라 생각되겠지만, 이면을 생각하면 그가 리더로부터 제대로 된 코칭을 받지 못했다는 뜻이기도 하다. 구성원이 한정된 자원을 불필요한 일에 낭비한다면, 비판받아야 할 사람은 당사자가 아니라 그렇게 방치한 리더다.

실무자 입장에서는 성과달성에 비중이 작긴 하지만 반드시 처리해야 하는 자잘한 업무들이 상당 부분 있다. 그러나 일을 할 때는 '지금 하고 있는 이 일'이 조직의 성과에 어떤 영향을 미치는지를 항상 의식하고 있어야 한다. 주어진 일을 모두 해결하려고 덤비다 보면, 그 일이 조직의 성과에 직접적인 영향을 미치는지 그렇지 않은지는 간과하게 되는 경우가 많기 때문이다.

많은 이들이 아직까지도 우선순위나 중요도를 전혀 고려하지 않고 일하는 경우를 볼 수 있다. 당신도 실무자 시절에 소소한 일에 온통 정신을 빼앗겨 몰두해본 적이 한 번쯤 있지 않은가. 이럴 때 리더는 중요한 핵심업무에 보다 많은 자원과 노력을 쏟을 수 있도록 코칭해주어야 한다.

이러한 관점에서 지금 구성원들이 일하는 방식을 다시 한 번 되돌아보자. 아마 대부분 20대 80의 파레토 법칙Pareto's law이 맞아떨어진다는 사실을 알게 될 것이다. 이는 구성원을 코칭할 때도 물론 정확하게 들어맞는다.

평소 구성원들이 완성도가 그리 높지 않은 보고서 1건을 작성하는 데 20시간을 들여 평균 1주일 정도 걸린다고 보았을 때, 만일 리더가 보고서에 담겨야 할 내용이나 방향성에 대해 사전에 매우 구체적으로 2~3가지 설명해준다면 어떤 결과를 예상할 수 있을까?

당연히 구성원들은 수많은 대안 중에서 리더가 요구하는 목표나 개선방안 쪽으로 집중할 것이고, 애초의 기한보다 훨씬 짧은 시간 안에 리더의 의중을 잘 살린 보고서를 제출할 것이다. 리더가 보고서에 바라는 기대치와 성과 이미지를 사전에 명확히 짚어주었기 때문이다.

지금까지의 논의를 정리해보자. 구성원들로 하여금 한정된 자원을 잘 활용해 제대로 일하게끔 하기 위해, 리더는 다음의 2가지 사항을 준수해야 한다.

첫째, 무슨 일이 있어도 구성원들이 모든 업무 혹은 모든 고객들에게 동일하게 시간을 투자하도록 해서는 안 된다. 정말 중요한 상위 20%의 업무과제 혹은 VIP고객들에게 20~30%의 시간만 사용하겠다고 생각하는 것은 엄청난 결례이자 실수다.

둘째, 구성원에게 성과에 영향을 미치는 상위 20%의 업무과제 또는 고객들을 기준으로 이들과 비슷한 부류에 속하는 새로운 업무과제 또는 고객들을 찾는 데 주력하게끔 전략코칭을 실시해야 한다. 이렇게 하면 동일한 노력으로 당신의 업무과제 또는 성과목표를 제대로 달성하는 데 집중할 수 있다.

목표를 달성하기 위해 리더는 무엇보다 조직이 가지고 있는 사람, 시간, 물적 자원을 잘 고려해 가장 최소한의 인풋으로 최고의 아웃풋을 낼 수 있도록 선택하고 집중해야 한다. 이 과정이 없이는 어떠한 지속적인 성과도 기대할 수 없다.

12

'스케치페이퍼'를 코칭의 핵심도구로 삼아라

강의를 진행하면서 간혹 "제가 드리는 말씀을 모두 이해하셨죠?"라고 질문하면 대부분 "예!"라고 답한다. 그런데 막상 1명을 지목해 이해한 내용을 설명해보라고 요청하면 대부분 제대로 답을 하지 못하고 우물쭈물하한다. 회사에서도 구성원들에게 업무를 설명하고 나서 "무슨 말인지 알겠지?"라고 물어보면 아마 다들 고개를 끄덕일 것이다. 그러나 그들에게 다시 정리해서 말해보라고 요청하면 명쾌하게 설명하는 경우가 그리 많지 않다.

즉 100을 들었다고 해서 100을 다 알 거라고 기대하는 것은 큰 착각이다. 리더가 구성원에게 성과목표를 말했으면 알아들어야 하고, 알아들었으면 자신의 언어로 설명할 수 있어야 하건만, 안타깝게도 현실은 그렇지 못하다.

많은 리더들이 연말이 되면 시름에 잠긴다. '올해 평가는 잘 받을 수 있을까?', '실적이 이 모양이니 평가등급도 좋지 않을 거야' 등의 근심에서 헤어 나오지 못하는 것이다. 처음부터 목표를 두루뭉술하게 설정했고, 그 결과 일은 했는데 제대로 실행한 건지 성과가 의도대로 창출된 건지 의심스러우니 걱정이 되는 것은 당연지사. 애초에 기초공사부터 허술하니 부실시공이 되어버린 것이다.

대부분의 조직은 과거의 실적치를 바탕으로 다음해의 상황을 추정해 목표를 설정하곤 한다. 더 심각한 문제는, 이러한 방식이 해마다 변함없이 반복된다는 점이다. 이렇게 설정된 목표가 연말이 된다 한들 과연 제대로 달성될 수 있을까? 구성원들이 부랴부랴 작성하면 그때서야 리더가 검토하는 목표설정 프로세스가 과연 타당한 것인가? 시간에 쫓겨 마지못해 수립된 목표, 상위조직의 목표를 배분받지 않고 하위조직에서 자신의 업무만 고려해 작성한 목표는 '계획 따로, 실행 따로'라는 결과를 가져오는 것은 물론, 회사 차원에서 기대하는 성과와도 방향이 다를 수 있다.

앞에서 성과목표를 세울 때 아웃풋 이미지를 입체적 조감도로 그려야 한다고 여러 차례 강조했다. 아웃풋 이미지가 선명하게 형상화되는 것이 그만큼 중요하기 때문이다. 그래서 반드시 활용되어야 하는 것이 '스케치페이퍼sketch paper'다.

스케치페이퍼란 자신의 성과목표를 구성원들이 얼마만큼 이해했는지 자기 언어로 작성해보고 리더에게 확인함으로써, 성과목표와 전략에 대한 공감대를 다지는 실행전략의 프리뷰 도구다. 다른 말로 R&R role&responsibility 합의서라고 할 수 있다. 일을 하기 전에 역할과 책임의 기준을 합의한 문서라는 의미다. 성과목표를 달성하기 위해 가장 중요하게 해야 할 것은 연말에 성과목표가 달성되었을 때의 모습을 마치 종이에 스케치하듯이 입체적으로 형상화하는 일이다. 입체적 조감도가 선명해진 후에 비로소 그 모습을 실현하기 위해 어떠한 전략과 방법을 선택하고 집중할 것인지 작전계획을 생생하게 수립할 수 있다. 스케치페이퍼를 활용하면 리더와 구성원 간에 목표와 전략의 공감대를 사전에 명확하게 형성할 수 있다.

이쯤에서 당신의 조직에서는 어떠한 방식으로 구성원들에게 업무를 부여하고 상위조직에 보고하는지 잠시 생각해보기 바란다. 당신은 업무나 목표를 부여한 다음, 그 일을 어떻게 수행할지에 대해 사전에 담당자와 프리스케치pre-sketch 해보는가? 구성원들이 생각하는 결과물에 대해 일을 시작하기 전에 리더와 협의하는가? 어떤 전략과 방법으로 일을 진행할지 대략적인 지도를 그려 당신에게 보여주고 의견을 묻는가? 당신은 구성원들이 프리스케치 과정을 밟을 수 있도록 적극적으로 코칭하는가? '그렇다'고 대답한다면 당신은 전략적으로 코칭하는 훌륭한 리더임에 틀림없다. 하지만 안타깝게도 이런 방법을 실행하고 있는 리더는 매우 드문 것이 현실이다.

구성원들이 알아서 프리스케치 해보기를 기대하는 것은 섣부르다. 이유가 뭘까? 이 과정이 제대로 이루어진다면 서로가 원하는 최종성과물의 모습과 가까워질 수 있는 좋은 기회인데 말이다. 그 이유는 단순하다. '당신에게 혼나기 싫어서'다. 당신에게 업무가 어떻게 진행되어야 하는지 물어보고 싶

델리게이션을 위한 실행수단 : 스케치페이퍼

업무를 요청한 사람의 요구사항(리더)		업무를 실행할 사람의 실행계획(실행자)	
1. 무엇을 (What?)	리더가 지시한 업무, 과제	**4. 원하는 결과물** (상태적 목표)	실행자의 과제수행을 통해 리더가 기대하는 결과물
2. 언제까지 (When?)	과제수행 완료일정이나 시간	**5. 실행전략/ 방법** (How to)	실행자가 원하는 결과물을 달성하기 위한 전략이나 방법
3. 왜 (Why?)	과제수행의 배경, 이유 등	**6. 지원요청 사항**	전략이나 방법을 실행할 때 필요한 예산이나 지원사항

어도, 면박을 당하거나 과외의 일이 또 생길지도 모른다고 우려하기 때문이다. 그래서 대개 업무지시를 받으면 언제까지 하면 되는지 정도만 묻고는 평소에 파악하고 있는 당신의 스타일을 감안해서 일을 처리해버린다.

만약 당신이 구성원에게 친절히 핵심과제와 성과목표에 대해 코칭을 해주고 전략적인 방법을 안내해준다면, 그래도 그들이 프리스케치 과정을 생략할까?

"내 말은 그 뜻이 아니잖아. 그렇게밖에 이해를 못 한 거야? 그렇게 하지 말고 이렇게 하라고!"

이처럼 핀잔 섞인 말을 듣고 기분 좋을 사람은 아무도 없다. 이 말이 상대방의 귀에는 '당신은 역량과 자질이 부족하고, 내 말 뜻을 못 알아듣는 한심한 사람이군'이라고 들릴 것이기 때문이다. 리더는 스케치페이퍼를 들고 오는 구성원을 귀찮아해서는 안 된다. 오히려 더욱 관심을 가지고 격려해줘야 한다. 그들이 프리스케치 하는 행동의 밑바탕에는 일에 대한 당신의 니즈와 원츠wants를 낱낱이 파악하고 나아가 만족시키겠다는 의욕에서 비롯된 것이기 때문이다.

따라서 프리스케치를 자동적으로 하게 하려면 구성원들이 그 시간을 '혼나는 시간'으로 여기지 않도록 각별히 신경 써야 한다. 최종성과물의 이미지는 리더인 당신이 훨씬 더 잘 알고 있다. 그렇기에 프리스케치를 통해 어떻게 성과를 낼지에 대해 더욱 구체적으로 충분히 알려줘야 한다.

리더가 구성원을 나무랄 수 있을 때는 단 한 번, 최종성과물이 나왔을 때다. 그것도 정해진 목표에 구성원들도 공감했고, 달성전략과 방법에 대해 전략코칭을 제대로 해주었다는 전제조건 하에 말이다. 제대로 코칭을 했는데도 성과가 부진했다면 당연히 구성원에게 냉정하게 책임을 물을 수 있다. "최종결과물을 제대로 이해하지 못했음에도 왜 사전에 협의를 요청하지 않았느냐?"고 말이다.

실제로 프리스케치 과정이 제대로만 된다면 목표달성의 70% 이상은 성공할 수 있다. 그러므로 더더욱 리더는 구성원들이 먼저 찾아와 협의할 수 있도록 열린 마음과 태도를 유지하고 있어야 한다.

프리스케치는 리더와 구성원이 성과목표가 의미하는 바와 실행전략에 대한 생각 차이를 최소화한다는 점에서 매우 중요하다. 예를 들어 장 지점장이 강남지점을 신규오픈하면서 김 대리에게 인테리어 업체에 의뢰해 사무실 인테리어 견적을 받아보도록 지시했다고 해보자. 그로부터 약 20분 후, 김 대리는 자신이 생각한 과제의 내용과 해결방안을 간략히 메모하고는 지점장을 찾아가 자신이 정리한 내용이 지점장의 의도와 맞는지 전략코칭을 요청했다.

김 대리가 들고 온 종이에는 강남지점의 위치와 고객특성을 고려해 밝은 조명과 여유로운 디스플레이가 어울리겠다고 적혀 있었다. 지점장은 김 대리가 가져온 프리스케치를 보고 주차장과의 연결, 고객들의 대기공간, 고객들의 지루함을 해소할 공간, 목표예산, 기간 등에 대해 몇 가지 조언한 다음 김 대리에게 인테리어 견적을 받도록 지시했다. 지점장이 결과물로 생각하는 것이 무엇인지 미리 파악한 만큼, 김 대리는 인테리어 업체와 견적을 상의할 때 그들이 반드시 고려해야 할 항목과 예산범위를 산출해 좋은 평가를 받았다.

모든 성과목표의 달성여부는 처음에 목표달성전략을 수립할 때 성과목표에 대해 얼마나 구체적으로 스케치했느냐에 따라 판가름 난다. 리더가 이루고자 하는 모습을 구성원들이 명확히 구체화하고, 달성방안을 제대로 그리고 있는지 확인하고 코칭하는 것이 매우 중요하다는 것을 다시 한번 명심하자.

13

'캐스케이딩'만 잘하면 실행력은 저절로 따라온다

'실행력이 관건이다.'

많은 기업에서 계획도 중요하지만 실행의 중요성에 대해 깊이 고민하고 있다. 전문가들도 계획에 너무 많은 자원을 쏟아붓지 말고 실행해 나가면서 시행착오를 하는 것이 차라리 낫다고들 한다. 실행력의 차이가 바로 경쟁력의 차이라는 인식이 높아지고 있다는 방증이리라.

실행력이 부족한 이유는 과연 무엇일까? 실행방법이 잘못되어서 일 수도 있겠지만 그보다는 거의 대부분 자신이 달성하고자 하는 성과목표를 명확히 인식하지 못하기 때문인 경우가 많다. 다들 목표는 이미 잘 설정되었다는 가정하에 실행을 어떻게 할 것인가, 좀 더 효율적인 달성방법은 무엇인가에 대해 고민한다. 그러나 대부분은 잘 설정되었다고 가정한 목표에 문제의 핵심이 있다. 그만큼 실행력의 핵심전제조건은 '제대로 설정된 목표'다.

안타깝게도 우리 주변에는 일을 시작할 때는 의욕을 보이다가도 막상 실행단계에서 방향을 잡지 못하고 우왕좌왕하는 이들이 있다. 오해는 마시라. 이들이 작심삼일을 일삼는 의지박약이어서가 아니다. 그보다는 자신이 공략해야 할 대상, 즉 '타깃'이 무엇인지가 모호해 헤매는 경우가 훨씬 많다. 그러므로 이들에게는 성과목표를 실행에 옮길 수 있도록 중간과정을 꼼꼼히 코칭해줄 필요가 있다. 그중에서도 가장 중요한 것은 목표와 전략을 중심으로, 해야 할 일과 목표를 우선순위에 따라 잘게 쪼개는 훈련을 시켜주는 것이다. 여기서 한 가지 유념해야 할 사항이 있다. 목표를 단순하게 그냥 '나누지' 말고 전략적으로 '쪼개야' 한다는 것이다.

목표를 단순히 그냥 나누지 말라는 데는 2가지 측면에서 살펴보아야 한다. 하나는 '기간별' 분할이다. 조직에서 연간 사업계획을 수립하고 나면 그다음에는 대개 연간목표를 분기·월별로 배분하는 작업을 한다. 이때 열에 아홉은 연간목표를 분기단위나 월간단위로 n등분 한다. 가령 '매출 1,000억 원 달성'이라는 연간목표가 설정되어 있으면 과거 실적추이를 감안해서 매월 얼마씩 비슷하게 배분하는 것이다. 이처럼 목표를 단순히 나누는 방식의 관행은 하위 실무자에게도 고스란히 전파된다. 월별로 n등분으로 성과목표를 설정하면 연간목표는 달성할 수 있을까? 가슴에 손을 얹고 생각해보자. 그런 결과가 나온 적이 과연 한 번이라도 있었는지.

리더가 구성원들에게 지난 분기나 지난달의 성과를 분석하고 다음 달의 성과목표에 영향을 미칠 환경적 요인이나 계절적 요인을 분석하고, 그 내용을 반영해 목표를 설정하고 달성 전략을 수립하도록 코칭한다면, 이러한 사업계획은 결코 나오지 않으리라.

리더는 구성원들이 연간목표를 월간목표로 나눌 때 균등 분할하게 내버려두어서는 안 된다. 과거 목표달성 추이를 고려하겠지만 미래 환경적 요인이나 내부역량요인, 월간단위의 특성을 반영해 '인수분해'하도록 이끌어야 한다. 성과목표를 인수분해하라니 무슨 뜻인가? 이는 목표달성을 위해 타깃을 세분화하고, 공략방법을 목표와 전략에 따라 구체적으로 설정하는 것을 의미한다.

예를 들어 목표를 설정할 때, 단순히 '매출액 200억 원'이 아니라 천안·진천·동해·목포 등 매출이 일어나는 지역별로 구체적으로 구분해 설정하는 것이다. 이처럼 제품·예상고객·판매채널 등의 다양한 요소를 고려한 서브 타깃sub-target을 대상으로 연간·월간단위로 구분해 목표를 수립해야 한다. 비단 리더뿐 아니라 일선 구성원들도 이런 프로세스를 체질화해 스스로 성과와 전략을 분석해 계획에 반영할 수 있도록 세밀한 코칭이 이루어져야 할 것이다.

현재까지의 내부역량과 변화무쌍한 외부환경을 반영한 월별목표 설정은 실행단계에서 무엇에 집중하고 어떻게 해야 할지 구체화하는 계기가 된다. 그 결과 실행과정에서 구성원들이 당신과의 중복된 의사전달이나 갈등 없이 자신의 과제를 인식하고 자율적으로 수행하는 기반이 될 수 있다.

두 번째, 전체 목표를 단위조직과 구성원에게 배분할 때, '역할과 역량'을 고려하지 않고 단순분할해서는 안 된다. 리더의 성과는 구성원의 성과를 단순히 합한 것 이상이 되는 시너지 형태로 표현되어야 한다. 즉 조직의 성과목표를 달성하기 위해 필요한 핵심적인 세부목표가 무엇인지를 도출한 다음, 그 목표를 구성원의 담당 직무와 역량 특성에 맞게 전략적으로 부여해야 한다. 이것이 바로 상위조직과 하위조직의 목표를 전략적으로 연계하는 '캐스케이딩cascading'의 핵심이다.

캐스케이딩은 구성원들로 하여금 자신의 성과목표가 리더의 목표와 조직의 비전달성에 어떻게 영향을 미치는지를 명확하게 깨닫게 해준다. 그럼으로써 성과목표 달성의 가능성을 한층 높여줌은 물론, 궁극적으로 리더는 리더대로 구성원은 구성원대로 각자 자신의 성과책임을 다하기 위한 자기완결적 자율책임경영을 가능하게 한다.

그러나 현재 대부분 조직에서는 리더와 구성원 사이에 월간목표를 어떻게 설정하는가? 중장기 비전이나 연간목표와는 별개로 본부나 팀 중심으로 이루어지거나 과거 실적에 비추어 결정되곤 한다. 고객이나 경쟁자 동향 등 외부환경에 대한 대응 또한 미흡한 실정이다. 내부역량요소는 아예 고려할 엄두도 내지 못한다.

고객접점의 팀장이나 지점장 같은 현장의 리더와 구성원에게 실행권한이 주어지지 않는 것도 문제다. 달성해야 할 목표만 일방적으로 던져주고는 과정에 대한 지원 없이 결과만 따진다거나, 실행과정을 시시콜콜 본사나 상위조직에서 간섭하는 중앙통제식 관리가 이루어지고 있는 것이 일반적인 모습 아니던가. 실행결재를 바탕으로 하는 품의제도나 위임전결규정, 월간업무회의, 주간업무회의, 분기별 영업전략회의 등이 중앙통제식 관리의 대표적인 증거(?)다.

이러한 문제들을 해결하거나 최소화하기 위해서는 성과지향형 커뮤니케이션 시스템을 구축할 필요가 있다. 즉 월간 성과목표를 수치화하거나 객관화해서 설정하고 실행해야 하며, 목표달성의 핵심성공요인과 예상리스크요인을 분석하고 성과목표를 부여한 리더와 함께 달성전략을 수립하는 목표와 전략 중심의 성과지향형으로 소통하는 과정이 필요하다. 주 52시간 근무시대가 본격화되고 재택근무, 원격근무, 랜선관리가 일상화되면서 역할과 책임의 단위를 예전처럼 연간이나 분기단위로 설정하고 일하기보다는 최소한 월간단위나 주간단위로 과제와 목표와 예상소요시간을 설정해서 성과 중심으로 경영하는 것이 필요하다.

중장기 비전과 연간 성과목표를 체계적이고 지속적으로 연계시켜 팀 또는 구성원이 설정한 성과목표를 효과적으로 달성하기 위해서는, 성과목표를 실행하는 과정을 주기적으로 관리해야 한다. 연초에 수립한 성과목표를 일상업무와 연계해 월간단위나 주간단위로 구체화하고 실행하려는 노력을 게을리하지 말아야 한다.

성과목표의 설정과 달성전략에 관해 리더와 구성원이 세밀하게 분석하고, 일들을 쪼개어 상위의 목표달성에 기여하는 전략과 실행계획을 수립해 실행함으로써 조직 전체의 목표달성에 기여하게 된다. 역할과 책임에 대한 세밀한 인수분해는 구성원에게 자신이 무엇을 해야 하는지, 왜 그렇게 해야 하는지, 내가 하는 일이 상위조직에 어떻게 기여하게 되는지를 한눈에 알아보게 해줌으로써, 그 실행력을 높일 수 있다.

14

'전략코칭 식스팩'으로 고객가치를 실현하라

김 팀장은 오늘 아침 사장이 주재하는 회의에 다녀온 후 생산2팀 회의를 소집했다. 팀 회의에서 이 과장에게는 불량을 줄이기 위한 방안을, 강 대리에게는 효율적인 설비관리를 위한 방안을, 그리고 허 대리에게는 공장 내부가 정리정돈되지 않은 원인에 대한 내용을 파악하도록 각각 과제를 부여했다.

이에 이 과장은 "불량을 감소시키기 위해서는 불량사고가 가장 많이 나는 B라인의 공정관리가 가장 시급합니다. B라인 반장과 상의해서 문제점을 확인하겠습니다"라고 실행방안을 보고했다. 그러나 김 팀장의 반응은 싸늘했다.

"자네 처음 일해? 무슨 보고를 그렇게 하나? 알아서 불량품이 나오지 않게끔 해가지고 오란 말이야!"

짜증이 잔뜩 묻어나는 이 발언으로 나머지 사람들은 질문할 엄두조차 내지 못하게 됐고, 그 상태 그대로 회의는 끝나버렸다.

회사생활하면서 한 번쯤은 겪었을, 또는 한 번쯤은 당신도 그렇게 해봤을 법한 상황이다. 분명 '모범적이지는 않은' 이 사례에서, 과연 김 팀장은 무엇을 어떻게 개선해야 할지 함께 생각해보자.

먼저 일을 부여하는 방법에 문제가 있다. 구체적으로 무엇이 상부의 요구사항이며 무엇을 해결해야 하는지에 대해 설명이 생략되었다. 또한 리더가 궁극적으로 기대하는 바가 무엇인지 구체적으로 표현하지 않고 해야 할 과제만 일방적으로 지시한 흔적이 보인다. 리더로서 구성원의 의견을 경청하려 하지 않은 점 또한 개선되어야 할 사항이다.

리더는 자신의 성과목표와 함께, 구성원들로 하여금 성과창출을 이루어내도록 목표를 부여하고 실행을 위한 동기를 부여하는 사람이다. 전투에서의 승리는 리더 혼자만의 역량으로 되는 것이 아니라, 구성원들을 리드하고 독려해 개개인의 역량을 충분히 발휘하도록 하느냐 여부에 달려 있다. 따라서 리더의 역할을 제대로 수행하기 위해서는 업무에 대한 전문지식도 있어야 하지만, 구성원들로 하여금 업무에 몰입하게 해 주어진 성과를 창출하게 하는 성과코칭 역량도 탁월해야 한다. 그런 차원에서 지금까지 우리는 성과코칭 중에서도 가장 중요한 전략코칭의 개념과 방법들에 대해 설명했다.

그렇다면 전략코칭을 수행할 때는 어떤 기준에 따라서 실행하는 것이 좋을까?

전략코칭 역시 궁극적인 목적은 고객에게 새로운 가치를 제공하는 것이므로, 전략코칭을 제대로 하기 위한 기준을 고민할 때도 '고객'을 염두에 두어야 할 것이다. 그런 차원에서 고객가치에서 출발한 '전략코칭 식스팩'에 대해 생각해보았으면 한다. 여기서 고객이란 외부고객은 당연하고 업무수행 결과물의 수요자를 포함한다. 대부분 상위조직의 리더일 것이다.

'식스팩'이란 '비용', '품질', '납기'에 '윤리성', '혁신성', '실현가능성'이라는 3가지 가치기준을 더한 것이다. 이 6가지 요소를 바탕으로 어떻게 목표를 달성할지 짚어주어야 구성원들이 새로운 고객가치를 창출할 수 있다.

첫째, 구성원들이 목표달성전략을 수립할 때 고객의 요구사항과 필요사항은 무엇인지, 또는 주어진 예산 범위 내에서 얼마나 비용을 효율적으로 운영해 고객가치를 달성할 수 있는지를 살펴보아야 한다.

둘째, 고객이 요구한 사항과 조건에 부합하는 품질을 달성할 수 있는지, 그리고 주어진 시간 내에 고객의 요구를 충족할 만한 전략과 실행계획을 마련했는지 여부를 전략코칭을 통해 반드시 짚어주어야 한다.

셋째, 고객에게 제공하는 결과와 방법이 윤리성을 기반으로 하고 있는지, 또한 기존과는 다른 혁신적인 방법인지, 마지막으로 적용하고자 하는 방법들이 주어진 납기, 비용, 품질 수준을 만족스럽게 실현할 수 있는지를 검토해 구성원에게 기준과 사례를 제시해줘야 한다.

이와 같이 리더들은 성과창출을 위해 진행되어야 할 프로세스를 제대로 꿰뚫고 있어야 하며, 무엇보다도 자기 조직이 달성해야 할 성과목표가 무엇인지, 그것을 어떻게 달성할지에 대해 나름대로 전략을 수립하고 있어야 한다.

사장 주재 회의를 참석하고 온 생산1팀의 모습은 생산2팀과는 조금 달랐다. 생산1팀에도 불량을 줄이라는 과제가 떨어졌다. 이에 그들은 팀 회의를 거쳐 A라인이 설비고장이 많으며, 주요 원인은 설비노후화라는 점을 확인했다. 생산1팀장은 설비노후화에 대한 대책을 고민하면서, 김 대리에게 노후설비의 대체방법을 수립하라고 과제를 부여했다. 그러자 김 대리가 이렇게 물었다.

“팀장님, 설비를 대체하려면 검토해야 할 사항이 적지 않은데, 어느 범위까지 고려해야 할까요?”

김 대리는 전략수립에 참조해야 할 원칙을 요청한 것이다. 이에 생산1팀장은 신규설비 예산범위, 설치기간, 그리고 노후설비 대체 과정에서의 공해발생 방지 방안을 중점적으로 고민하라고 조언하면서, 아울러 3개 라인을 운영하기에 충분한 수준, 새로운 기술이 추가된 자동화 시스템, 마지막으로 생산1팀 제품을 자유자재로 구현할 수 있는 성능 등을 조건으로 제시했다.

당신은 생산1팀과 생산2팀, 두 팀장 중 어느 쪽에 가까운가?

두 팀의 차이에서 보는 바와 같이, 리더는 구성원에게 과제를 부여하면서 구체적으로 무엇을 원하는지, 전략이 갖추어야 할 조건들이 무엇인지를 명확히 전달할 수 있어야 한다. 이것이 바로 전략코칭의 핵심이다. 리더가 원칙을 제시함으로써, 구성원들은 무엇을 어떻게 해야 하는지에 대한 기준을 잡고 목표달성을 향해 나아갈 수 있다. 리더가 통찰력을 가지고 전략코칭 식스팩 역량을 키우기 위해서는 다음과 같은 마음가짐을 가져야 할 것이다.

첫째, '비법'보다는 '원칙'에 충실하도록 노력해야 한다. 비법이 '인풋'에 기초하고 있다면 원칙은 '효과'에 토대를 두고 있다. 구성원들을 빨리 육성하고자 하는 마음에 자신부터 '빨리빨리'를 외치는 리더들이 많은데, 그러다 보면 구성원들이 시련과 역경을 통해 올곧게 성장할 기회를 리더 때문에 놓치게 될 수도 있다. 따라서 목표설정 단계, 타깃전략수립 단계, 실행 및 평가 단계별로 리더가 해야 할 역할과 원칙을 고수하면서 우직하게 구성원들과 의사소통하는 것이 바람직하다.

둘째, 자신이 구성원의 '보호자'가 아닌 '코치'라는 점을 항상 인식해야 한다. 마치 기계 수리공처럼 구성원들을 고치는 '수리사'가 아니라, 씨앗에 물을 주고 조심스럽게 가지를 치는 '정원사'의 마음이 필요하다. 이렇게 해야 구성원들이 자발적으로 자신의 성과목표를 달성하기 위한 창의적인 아이디어를 생각하게 되고, 실행에서의 장점을 극대화할 수 있다.

지금까지 살펴본 바와 같이, 리더는 오랜 경험으로 축적된 노하우와 관찰력 및 통찰력을 바탕으로 구성원이 올바른 방향으로 일할 수 있도록 목표달성전략을 수립하고, 전략실행 방안을 수립하도록 전략코칭을 하며, 실행이 끝난 후에도 성과달성 여부에 대한 피드백을 실시해야 한다.

특히 앞에서 강조한 것처럼 전략코칭을 통해 납기, 비용, 품질이라는 전제조건을 명확히 하고, 내용 면에서 윤리성, 혁신성, 실현 가능성이 잘 반영될 수 있도록 하는 것이 리더의 가장 중요한 역할임을 잊지 말기 바란다. 그렇게 할 때 팀의 목표는 '성과'로 자리매김되고, 당신은 '하이퍼포머를 키우는 성과창출자'로서 인정받게 될 것이다.

세 번째 원칙

'맨땅헤딩' 시키지 말고 '핵심자원' 지원하라

현실적인 실행자원 지원

15

돈·시간·사람·정보의 지원범위를 처음부터 명확히 하라

"1,000원 줄 테니까 이것도 사고 저것도 사고…. 아, 그리고 남은 돈은 너 가져!"

옛날 우스갯소리 한 토막이다. 하지만 직장인들은 안다. 이것이 마냥 웃기기만 한 얘기가 아니라는 것을, 회사에서 오늘도 엄연히 벌어지고 있는 '웃지 못할 현실'이라는 사실을.

우연찮게도 얼마 전에 내가 바로 이런 현장(?)에 있었다. 모 회사의 신사업 전략을 검토해달라는 요청을 받고 워크숍에 참석한 적이 있다. 미리 검토한 그 회사의 비전과 목표가 꽤 내실 있었기에, 워크숍 또한 무난히 진행될 것으로 예상하고 비교적 가벼운 마음으로 임했다.

드디어 시작된 신사업 전략 토론. 기획팀장은 목표 영업이익을 달성하기 위해서는 신규사업의 전문인력과 추가 생산설비에 대한 투자가 반드시 필요하다고 보고했다. 하지만 사장은 추가 인력확보나 설비투자는 없을 것이라 못을 박았다. 무조건 현재 조건으로 신사업 영업이익을 달성하라는 것이다.

CEO의 명命이 서릿발 같으니 누구 한 사람 이의제기도 못하고, 결국 사장 뜻대로 방향이 잡혔다. 회의장을 빠져나오는 기획팀장은 "이건 마치 물도, 낙타도 없이 사막을 벗어나려고 발버둥 치는 것 같다"며 한숨을 길게 내쉬었다. 그러고는 신사업 추진방안을 구체화하기 위해 팀원들과 다른 회의실로 잰걸음을 옮겼다.

이처럼 목표예산을 합리적으로 책정하지 않은 채 달성전략을 수립하게 하는 모습은 회사 차원의 전략수립에서만 볼 수 있는 것은 아니다. 우리가 구성원들에게 일을 시킬 때도 흔히 벌어지는 모습이다. 일부 조직이나 리더 중에는 목표를 달성하는 데 필요한 자원이나 시간은 지원하지 않고 무작정 일을 시키는 경우가 있다. 심지어 목표달성전략이 세워졌으니 성과는 알아서 달성하겠거니 하고 쉽게 생각하는 리더들도 있는 듯하다. 그러고 나서 결과가 안 좋으면 담당자의 역량이 부족해서인 것으로 호도하곤 한다.

그러나 성과를 내라면서 최소한의 필요자원도 지원하지 않고 막무가내로 밀어붙여서는 곤란하다. 성과목표가 아무리 구체적이더라도, 필요한 자원을 지원해주지 않거나 뜬구름 잡는 식의 애매모호한 약속만 남발한다면 구성원들은 목표를 달성하기 위해 적합한 전략을 수립할 수 없다.

구성원들은 리더가 원하는 것을 그 자리에서 뚝딱 만들어내는 마법사가 아니다. 조직이나 리더는 성과목표를 부여하면서 그 목표를 달성하기 위한 자원의 지원 규모와 조건 등을 대략적으로라도 산정해 미리 언질을 주어야 한다. 그래야 구성원들이 그 조건에 맞추어 달성전략을 수립할 수 있다.

이처럼 부여된 성과목표를 실행하는 데 필요한 자원의 조건을 설정해주는 것을 '대략적 목표예산about target budget'이라 한다. 이는 단순히 금전적 지원뿐 아니라 일정 등의 시간자원, 인적자원, 일의 추진배경과 목적을 알 수 있게 해주는 정보자원 등을 모두 포함한다.

성과목표를 입체적 조감도 형태로 구체화하고 구성원들로 하여금 실행전략을 수립하도록 코칭까지 했다면, 이제 그다음 단계를 고민해야 한다. 즉 당신이 얼마나 적절한 시기에, 어떤 내용을 구성원들에게 지원함으로써 좀 더 빨리 성과를 달성하도록 할지에 대해서 말이다. 목표와 전략, 그리고 지원

방향까지 확실하게 정립되어야 구성원 중심의 자율책임경영, 실질적인 델리게이션이 제대로 이루어질 수 있다.

앞서 소개한 기업 사례를 보라. 목표가 아무리 구체적으로 수립돼 있다 한들 무슨 소용인가. 핵심자원에 대한 현실적인 지원 없이 목표달성전략을 수립하라고 하는 것은 전략수립 자체를 한낱 '요식행위'로 전락시킬 뿐이다.

예를 들어 영업팀에 연간 성과목표로 영업이익 10억 원을 부여하면서 '영업 인원 추가 5명 확보, 판촉비 3억 원 확보' 등과 같이 성과목표를 달성하는 데 실질적으로 필요하다고 판단되는 필요자원의 구체적 조건은 말해주지 않고 무조건 전략을 수립해오라는 것은 아무리 생각해도 비현실적이라고 밖에 할 수 없다.

목표가 구체적으로 수립되었다면, 리더는 대략적 목표예산을 산정해주어야 한다. 따로 살펴보겠지만, 이때 막연히 자원을 n분의 1로 나눠서 투입할 것이 아니라 달성하고자 하는 성과목표를 기준으로 자원을 배분해야 한다. 즉 달성하고자 하는 목표수준이 높다면 당연히 자원투입도 많아져야 한다. 이렇게 자원투입의 기준을 수립해 목표예산을 분석하는 과정을 반복하다 보면 자연스럽게 일반적인 지원의 기준을 세우는 데까지 발전할 수 있다.

리더인 당신은 구성원들에게 성과목표를 부여하고 나서 대략적인 자원투입 규모를 산정해주고 일을 시키는가, 아니면 일단 일부터 시켜놓고 그때그때 상황에 따라 지원하는가? 혹시 구성원들이 '우리 리더에게 보고해봤자 소용없어. 어차피 알아서 하라고 할 텐데 뭐…'라고 생각한다면, 당신은 평소에 현실적인 예산지원을 하고 있지 않다는 뜻이다.

대략적 목표예산을 산정하는 경우와 그렇지 못한 경우가 어떻게 다른지 구체적으로 비교해보자. 어느 날 당신이 실무를 책임지고 있는 구성원에게 '비 부가가치 업무제거'라는 과제에 대해 성과목표로 '영업팀 월간 야근일수 7일 이내'를 부여하면서 자원지원에 대한 조건을 설명하지 않았다고 해보자.

반대로 이번에는 성과목표와 자원지원의 범위를 사전에 명확하게 설정하는 경우를 생각해보자. 즉 과제 수행기간은 '1주일', 지원인력은 '아르바이트생 2명', 자료조사와 전문가 인터뷰를 위한 '예산 100만 원', 비 부가가치 업무제거의 실마리를 제공해줄 수 있는 정보자원인 '워크스마트 관련 기사

스크랩 3건' 등과 같이 자원의 지원범위를 고려하는 것이다.

전자와 후자의 상황을 비교해보았을 때 구성원들이 어떻게 전략을 수립해올 것 같은가? 당연히 후자가 더 구체적이고 실행 가능한 전략을 수립해올 것이다. 전자의 경우 실무자는 자신이 아는 범위 내에서 친한 친구를 통해 비공식적으로 알아보거나 동료들에게 의견을 물어볼 것이다. 아니면 타사에서 조사한 내용을 정리해 보고할 수도 있다. 기간에 대한 정보도 없으니 하루 만에 보고서가 나올지, 한 달 만에 나올지 기약할 수 없다.

반면에 후자를 보면, 1주일이라는 시간자원을 효과적으로 계획해 어떻게 활용할 것인가에 대한 적극적인 대안을 수립할 수 있고, 전문가와의 인터뷰, 자료조사 등을 통해 보고서의 질을 더욱 높일 수도 있다. 아울러 신문기사 스크랩을 통해 일을 시킨 리더의 니즈와 원츠를 보다 명확하게 이해하고 필요한 정보를 추가로 담을 수 있다.

"하지만 무조건 많이 달라고 하는 구성원들 틈바구니에서 내가 어떻게 매번 합리적인 지원규모를 결정할 수 있겠는가?" 이렇게 항변하는 분도 있으리라 생각한다. 물론 일부 구성원 중에는 일에 대한 막연한 두려움 때문에 시작할 엄두도 내지 못하고 무조건 자원을 충분하게 달라고만 하는 구성원도 있을 것이다. "시간을 충분히 주시면 좋겠습니다"라거나 "처음 기획하는 이벤트이므로 행사지원 금액은 조금 많이 설정했으면 좋겠습니다" 하는 등이다.

이처럼 전략을 막연하게 수립해놓고 걱정만 하는 구성원이 누구인지 리더가 모르지는 않을 것이다. 이때는 리더가 단계별로 목표부여, 목표예산 부여, 전략수립, 실행계획 수립 단계별로 꼼꼼히 설명해주어야 한다. 유사한 프로젝트나 문서, 보고서 등의 근거를 제시해주어도 도움이 된다.

지원의 규모는 매우 민감하고도 중요한 사안이므로 신중하게 접근하는 자세가 매우 중요하다. 단적으로 말해, 목표예산은 전략을 수립할 때 창의성과 혁신성을 제약할 수 있는 중요한 조건이 된다. 예산이 3억 원으로 책정된 목표달성전략과 10억 원을 사용할 수 있는 전략은 그 방법과 대상의 범위가 당연히 달라질 수밖에 없다.

16

‘사람’이 아니라 ‘목표’를 보고 예산을 확정하라

"'총알'을 주면서 전쟁에 나가라고 해야 승전보를 전하든 할 거 아냐, 이건 뭐 맨손으로 싸우라는 것도 아니고…."

오늘도 많은 구성원이 이런 울분을 토로한다. 리더가 지원은 제대로 해주지 않고 무조건 성과만 내라고 닦달한다는 하소연이다. 그러나 한편에서는 리더들의 항변도 들리는 듯하다.

"아니다. 나는 분명 내게 허용된 자원을 아낌없이 제공했다. 그런데도 성과를 내지 못하면 그건 구성원의 책임 아닌가?"

지원을 아낌없이 해주는데도 성과가 나오지 않는다? 이런 고민을 하는 리더가 있다면, 이때는 '지원방법'이 잘못된 것이 아닌지 의심해야 한다. 다음 사례를 보며 생각해보자.

'생산량 증대'라는 과제를 부여받은 생산팀장. 그는 본부장에게 설비를 운영할 수 있는 전기설비 전문가를 추가로 지원해달라고 요청했다. 그의 요청은 받아들여졌다. 그러나 문제가 있었으니, 전기설비 전문가가 아닌 산업공학을 전공한 신입사원이 들어온 것. 공채 때 선발된 인원으로 필요한 인원만 충원해주면 되겠다는 단순한 생각에 기계적으로 배치한 것이다. 그러고는 생산량이 증대되지 않자 본부장의 질책이 시작되었다. "원하는 대로 인력도 충원해줬는데, 왜 생산량은 제자리걸음인가?"

약간 과장되었다고 느낄지 모르겠지만, 실제로 조직에서 많이 일어나는 일이다. 무엇이 잘못되었는지 짐작이 가는가? 일반적으로 자원지원을 요청받을 정도라면, 의사결정권을 어느 정도 가지고 있는 리더일 가능성이 많다. 그런데 이런 리더들 중 일부는 하위부서의 요청사항을 너무 쉽게 생각하는 것은 아닌가 여겨질 때가 있다. 대부분의 리더가 자원요청이 들어오면 "어디에 쓸 건데?" 정도의 질문 외에는 하지 않는 것 같다. 그나마 위의 사례에서는 설비문제를 해결해 생산량을 증대시키겠다고 팀장이 목적을 제시했음에도 그 의견을 묵살하고 '인력요청'을 기계적으로 받아들여 어처구니없는 결과를 빚고 말았다.

크든 작든 한 조직의 리더라면 정확하게 어떤 목표달성을 위해서인지, 전략은 무엇인지, 그에 따라 어떤 자원이 필요한지를 면밀히 확인하고 자원을 지원해야 하지만, 이 과정을 상당 부분 놓치고 있는 것이 현실이다.

성과목표를 부여할 때와 마찬가지로, 필요자원을 지원할 때도 구성원과의 공감대는 매우 중요하다. 나름대로 자원을 지원했는데도 성과가 나지 않았다면, 혹시 구성원이 하는 일의 배경이나 성과목표를 묻지 않은 상태에서 무작정 자원을 배정해준 것은 아니었는지 스스로 의심해봐야 한다. 사전에 최종성과물의 모습에 대해 구성원들과 공감대를 형성하고, 이에 맞추어 자원을 지원해야 한다. 그렇지 않다면 어떤 자원을 주더라도 '백약이 무효'다.

자신이 회사에서 받는 급여는 누가 시키지 않아도 생활비, 아파트관리비, 교육비, 주택청약예금 및 적금 등과 같이 자신의 사용목적에 따라 '전략적으로' 잘 배분해 활용할 것이다. 이렇게 자기 일은 매우 전략적으로 하면서 왜 회사에서 성과목표달성을 위해 지원되는 예산, 시간, 인력, 정보 등과 같은 한정된 자원을 효과적으로 사용하기 위한 노력에는 무관심하고 전략적이지 못한 것일까?

앞으로는 구성원들에게 성과목표에 대해 상세히 확인하지도 않고 무작정 자원을 확정하거나 기계적으로 'n분의 1'씩 자원을 지원하는 일이 없도록 해야 할 것이다. 구성원들에게 성과목표를 부여했다면 목표가 달성된 상태, 조건, 추진배경 등을 따져 지원의 범위를 정해주어야 한다. 그래야 구성원들이 현실적이고 실천 가능한 전략을 수립할 수 있다. 그런 다음 구성원들이 목표달성전략을 수립하면, 전략을 검토하여 구체적인 실행예산을 최종 확정하자. 이런 과정을 통해 조직의 실행력을 담보해주는 것이 당신의 역할이다.

구성원들에게 성과목표를 부여하고 반드시 달성하기를 바란다면 리더가 먼저 '기브앤드테이크give & take' 정신을 발휘해야 한다. 즉 그것을 달성할 수 있는 시간자원, 인력자원, 재무자원, 정보자원을 목표를 중심으로 산정해 가이드라인을 제공해야 한다. 구성원들은 리더로부터 구체적 자원을 약속받았으므로 적극적으로 업무를 수행할 수 있으며, 자신이 매 상황에서 어떻게 일을 처리해야 하는가에 대한 의사결정 기준도 명확하게 알 수 있다. 무엇보다도 책임감을 가지고 자원을 운영함으로써 불필요한 자원낭비를 줄일 수 있으니, 성과창출이 그만큼 유리해진다.

17

예산을 먼저 알려주면 실행전략이 분명해진다

회사에서 연간 사업계획을 수립하는 모습을 생각해보자. 일단 먼저 목표가 정해지고 나면 목표달성을 위해 '무슨 일을 하겠다'는 식의 업무추진과제를 줄줄이 나열하고 세부추진계획을 수립한다. 그러고서 업무추진과제별 세부추진계획에 따라 대략적인 소요예산을 산출한다. 일단 사업계획과 예산계획은 그렇게 세워놓고 한 해가 시작되고 나면 사업계획에 따라 일이 진행될 때마다 품의제도와 위임전결규정에 따라 건별로 의사결정권이 있는 상위리더에게 결재를 맡아 집행한다. 대부분의 조직이 크게 다르지 않을 것이다.

이때 리더가 집중하는 초미의 관심사는 예정된 사업계획으로 '과연 올해 실적을 달성할 수 있을 것인가'에 있다. 성과를 달성하기 위해 시간자원, 인적자원, 예산, 정보자원 등을 어떻게 지원하고 배분해야 할지 진지하게 고민하는 리더는 상대적으로 많지 않다.

그 결과가 무엇인가? 목표를 달성하기 위해 필요한 자원을 정확히 산정하고 지원계획을 세우고 전략을 검토하기보다는, 구성원들이 개별적으로 세운 업무추진계획을 합하고 조정하느라 바쁠 뿐이다. 목표와 전략은 뒤로 미뤄둔 채 해야 할 일이나 과제를 배분하고 순서를 정하는 수준에서 성과를 관리하고, 정작 중요한 목표와 전략은 회계연도를 시작해서 실행단계별로 반기·분기·월간 목표나 전략을 수립할 때 정한다.

그러다 보니 구체적인 목적지 없이 업무실행계획만 난무하는 사업계획이 나온다. 최선의 업무추진을 위해 이것저것 할 수 있는 계획을 문어발식으로 다 적다 보면 목표예산 150억 원이 훌쩍 넘어간다. 회사에서 제공하는 자원은 한정돼 있는데 이를 넘어서면 어떻게 되겠는가? 아무리 그럴듯한 계획이더라도 하나도 실행하지 못하는 공약空約이 되어 버려진다.

반면 일을 제대로 할 줄 아는 리더와 구성원을 보자. 그들은 사업계획을 수립할 때 가장 먼저 목표별 예산이나 원가를 짠다. 전략은 예산에 맞춰서 수립한다. 예를 들어 전략기획팀에서 매출액 1,000억 원을 달성하기 위해 목표예산을 150억 원으로 계산했다고 하자. 그런 다음 목표예산 150억 원을 가지고 어떻게 목표를 달성할지에 대한 방안을 수립하게 된다.

즉 목표예산 150억 원으로 매출액 1,000억 원을 달성할 수 있는 실질적 전략을 고민함으로써 전략이 예산의 통제를 받는 것이다.

전략을 구상하기에 앞서 예산이 얼마나 지원될 수 있는지를 알아야 현실적인 전략과 실행방법을 세울 수 있다. 예산의 본래 목적은 지출이나 경비를 통제하는 것이 아니다. 구성원들이 성과목표를 달성하기 위해 실행하는 업무수행 과정에서 필요로 하는 유형적·무형적 자원을 지원해주는 것이 진짜 목적이다. 유형적·무형적 자원에는 시간자원, 실무자와 지원인력 등의 인력자원, 자료조사와 프로젝트 수행예산 등의 금전적 예산은 물론, 업무수행의 추진배경과 목표의 상태 및 조건을 이해할 수 있는 데이터 자료 등의 정보자원 등도 포함된다.

구성원에게 성과목표가 무엇인지, 그리고 자신에게 배분된 가용자원이 얼마인지 명확하게 알려주는 것은, 그들로 하여금 업무를 현실적으로 실행할 수 있도록 전략실행의 범위를 결정하게 도와주는 핵심전제조건이다. 실행의 범위와 한계를 파악한 구성원은 이 자원을 가지고 어떻게 성과목표를 달성할 것인가 전략을 수립하고 실행방법을 선택한다.

그렇다면 목표와 예산수립 프로세스를 좀 더 자세히 살펴보자. 실행자원을 어느 수준으로 지원할 것인가에 대한 판단은 리더와 구성원 사이에 성과목표를 공유하고 난 후 이루어진다. 즉 리더가 성과목표의 상태, 조건, 일의 추진배경 등을 검토해 대략적 실행자원을 산정한다.

일의 목적과 배경을 이해하기 위해서는 특히 정보자원이 매우 중요하다. 정보자원이라고 해서 거창하게 생각할 필요는 없다. 리더가 전략과제를 제시하게 된 배경을 설명해주면 충분하다. 상위조직의 지시사항인지, 아니면 책에서 본 것인지, 또는 인터넷이나 신문, 방송, 영화 등에서 영감을 떠올렸는지를 알려주는 것이 핵심이다. 일의 추진배경을 리더와 실무자가 동시에 아는 것만큼 전략의 구체적 방법how-to을 수립하는 데 도움이 되는 것은 없다.

리더가 대략적 실행자원을 지원하면, 그다음에는 구성원이 가용 범위 내에서 자원을 가장 효과적으로 사용할 수 있도록 전략을 수립한다. 그런 다음 리더와 구성원이 최종적으로 합의하여 구체적인 실행예산을 확정하면 된다.

만약 구성원들에게 필요한 자원을 지원했음에도 제대로 된 성과를 내지 못했다면, 일정 기간 동안 소요된 자원, 시간, 예산을 정확하게 예측하지 못했거나 산정하지 못한 결과라 볼 수 있다. 또한 최종 아웃풋 이미지가 분명한 성과목표를 중심으로 예산을 수립하지 않고, 업무나 기능조직 중심으로 예산을 수립하여 낭비요소가 발생한 경우도 적지 않다.

결국 예산을 바람직하게 활용하기 위해서는 정확한 목표와 타깃전략이 어우러져야 한다는 점을 확인할 수 있다. 리더와 구성원이 목표달성과 동떨어진 비현실적인 실행계획을 세우느냐, 아니면 성과목표에 적합한 예산을 고려해 실행전략을 세우느냐 하는 것은 바로 전략과 예산의 연계성에 달려 있다고 해도 과언이 아니다.

엉성하고 어설프기 그지없는 '다짐' 중심의 전략은 한계가 있을 수밖에 없다. 로또에 당첨될 만큼 엄청나게 운이 좋은 조직이라면 모를까, 도착해야 할 목적지도 제대로 모르고 중간에 어떠한 환경변수가 생길지도 전혀 예측하지 못한 상태에서 자원을 효과적으로 지원하기란 불가능하다.

따라서 리더는 구체적인 타깃 중심의 전략을 세우는 데 다시금 전력을 기울여야 한다. 그것이 상위조직으로부터 실행예산을 제대로 지원받고, 구성원들에게도 전략실행에 차질없이 지원해주는 유일한 방안이다.

18

지난해의
자원배분 전략을
분석하라

조직이든 개인이든 탁월한 성과를 창출하기 위해서는, 리더가 한손에는 전략을, 다른 한손에는 그 전략을 실행하기 위한 예산계획을 잡고 있어야 한다. 아무리 성과목표와 타깃전략을 구체적으로 설정했다 해도 목표의 난이도와 조건, 배경 등을 따지지 않고 자원을 배분한다면, 구성원 입장에서는 실행력이 반감될 수밖에 없다. 또한 지원규모를 현실적으로 고려하지 않은 채 세운 전략은 사상누각에 불과하다.

리더는 중장기 또는 당해연도 성과목표와 달성전략을 수립할 때 가용자원의 범위가 어디까지인지를 반드시 염두에 두고 임해야 한다. 인력운영에 대해서는 인사팀, 그리고 예산에 대해서는 기획팀 등에 정보를 요청해 이를 구성원들과 공유한 상태에서 실행전략을 짜면 좋을 것이다. 그렇지 않고 획일적이고 천편일률적인 자원의 배분은 구성원들에게 무기력감을 줄 뿐이라는 점을 잊지 말자.

예를 들어보자. 영업부서 정 팀장은 자신이 담당하는 영업권 중에서도 가장 까다로운 강남지역 영업권의 매출액 목표를 전년보다 3배 높은 90억 원으로 책정하고 손 대리에게 성과목표로 배정했다. 손 대리는 내심 부담이 컸지만, 회사 전체의 올해 목표가 매우 도전적이고 당연히 팀장에게도 높은 수준의 목표가 배분되었음을 알고 있었던 터라 회사 전체의 발전과 본인의 성장을 위해 긍정적으로 그 목표를 받아들이기로 했다.

그러고는 매출 90억 원을 달성하기 위한 타깃전략을 핵심지역 및 핵심상품을 감안해 꼼꼼하게 수립해보았다. 그 결과 아무래도 VIP고객을 전담하는 판매사원 2명을 적어도 3개월 정도는 활용해야겠다는 필요성을 강하게 느꼈다. 아울러 고객과 관련한 판촉예산을 지난해의 2배 수준에서 지원받는다면 정 팀장이 원하는 목표수준을 달성할 수 있겠다는 생각이 들었다. 그래서 추가적인 자원지원 사항을 정 팀장에게 요청했는데 아뿔싸, 정 팀장으로부터 돌아온 것은 오히려 '예산삭감' 통보였다.

"무슨 소리야? 판촉비용은 무조건 작년 대비 20% 절감한 상태에서 실행해. 게다가 지금 우리 상황이 얼마나 어려운데

인력충원을 요청해?"

이런 상황에서 과연 손 대리가 도전적인 목표를 적극적으로 수행하고자 하는 동기부여가 될 수 있을까? 설령 전략을 수립한다고 해도, 그 전략대로 실행할 수 있을까?

예산 및 자원을 배분할 때 리더가 절대로 간과하지 말아야 할 것이 있다. 예산계획의 목적을 단순히 '비용절감'에만 연결시켜서는 안 된다는 사실이다. 리더는 자원을 전략적으로 배분함으로써 구성원들이 한층 객관적인 데이터와 원가의식을 가지고 가장 효과적이고 빠르게 성과를 달성할 수 있는 여건을 지원해야 한다. 또한 명확한 성과목표와 목표달성을 위한 자원의 전략적 배분은 구성원들로 하여금 창의적이고 혁신적인 실행방법을 고민하게 하는 가장 핵심적인 '일을 통한 학습' 프로세스다.

구성원들이 실행의 주체로 우뚝 설 수 있는 여건을 만들어주는 것이야말로 리더에게 주어진 가장 중요한 임무다. 구성원들이 자기완결적 구조를 가진 성과경영자로 거듭날 수 있도록 델리게이션 환경을 제대로 만들어주어야 한다는 것이다.

그렇다면 구체적으로 어떻게 해야 할까? 객관적 데이터를 근거로 타깃별로 자원을 지원하기 위해서는 먼저 지난해 사업계획과 비교해 자원지원을 검토해야 한다. 즉 지난해 성과를 달성할 때 투입된 자원을 시간자원, 인력자원, 예산자원, 정보자원 등으로 구분해 얼마큼의 성과를 달성할 때 어떤 전략을 실행했고, 이때 어떤 자원이 어느 수준으로 투입되었는지 분석한다. 예산분석을 할 때는 예상했던 자원과 실제 투입된 자원이 무엇인지, 어떤 전략실행에 얼마나 투입되었는지 확인해야 한다. 투입하기로 했던 자원이 다 투입되었는지 확인하는 작업도 빠뜨려서는 안 된다.

아울러 자원운영전략은 무엇이었는지 분석한다. 예를 들어 지난해에 어떤 타깃을 공략하기 위해 어떤 방법을 쓰고 어떤 자원을 더 많이 소요했는지 확인하는 것이다. 특히 예상보다 많이 투입된 자원이 있다면 그 원인을 명확하게 파악해야 한다.

이처럼 과거의 자원지원 예상치와 실제 내역을 비교해 앞으로의 전략계획과 예산계획의 적중률을 높이는 작업이 매우 중요하다. 같은 실수를 반복하지 않기 위해서다.

자신이 원하는 성과목표를 달성하고자 하는 리더에게 가장 긴요한 스킬 중 하나가 바로 전략과 예산을 매칭시키고, 통합적인 관점에서 실행력을 강화하는 것이다. 이 점을 간과한다면 당신 또한 '전략 따로, 실행 따로'의 우를 범하는 리더가 될 수밖에 없다.

19

‘미래의 투자’와 ‘오늘의 비용’을 균형 있게 배분하라

리더에게는 2개의 눈이 필요하다. 하나는 현재를 냉정하고 객관적으로 판단하는 눈이요, 다른 하나는 미래에 성과를 낼 '씨앗'을 심기 위해 구성원들을 이끌며 인프라를 갖추는 긴 안목이다.

조직이든 개인이든 탁월한 성과를 창출하기 위해서는 전략적으로 적시에 인력, 예산, 정보자원의 지원을 받아야 한다. 그런데 실행을 담당하고 있는 구성원들에게 "조직이나 리더로부터 자원을 효과적으로 지원받고 있는가?"라는 질문을 던지면 열에 아홉은 부정적인 답변을 하니 어찌된 일인가. 조직과 리더로부터 지원받는 자원의 질質은 고사하고, 그 양量 또한 최소한의 실행을 하는 데 급급한 수준이 대부분이다. 특히 눈에 당장 보이지 않는 업무나 중장기적 목표일 경우는 더욱 그러하다.

실제로 길고 멀리 봐야 할 리더들이 구성원보다 더 심한 조급증을 보이고, 현재로부터 멀리 있거나 눈에 보이지 않는 중장기성과를 위한 투자를 '비용낭비'라고 생각하는 경우를 종종 목격하곤 한다.

그러나 이는 굉장히 잘못된 생각이다. 달리기가 뒤처진다고 해서 자신의 다리를 버릴 수는 없는 것처럼, 성과가 다소 좋지 않다고 해서 구성원들의 지원요청을 나 몰라라 외면하는 것은 옳지 않다. 미래의 중장기성과를 담보하기 위해 마땅히 준비해야 할 선제적인 활동인데도 이를 방해하는 사람은 리더로서 자격이 부족하다. 근시안적인 안목으로 현재에만 몰두하고 있는 구성원들의 의식을 깨우쳐주고, 중장기 관점에서 입체적인 시각을 가질 수 있도록 하는 것이 진정한 리더의 역할이다.

예컨대 사업부서의 매출이나 숫자상황이 안 좋아지면 많은 리더들이 비용 또는 예산을 절감해 당장에 눈에 보이는 단기 실적을 높이겠다는 생각에 사로잡히곤 한다. 가장 파괴적인 형태가 바로 인력 구조조정이다. 이런 리더들의 머릿속에서는 인적자원이 중장기적인 투자가 아니라 단기적으로 소모되는 비용으로만 인식되어 있다.

인력에 대한 구조조정은 리더가 맨 마지막에 정말 어쩔 수 없을 때 취하는 최종적인 카드로 생각해야 한다. 당장 눈에 보이는 성과가 저조하니 가장 쉽게 비용을 절감시켜 이익을 보전하려는 얄팍한 생각은 실행주체인 구성원들에게는 물론, 리더 본인의 성과에도 결코 긍정적인 영향을 주지 못하는 잘못된 의사결정이라 단언할 수 있다.

단기적이고 근시안적인 시각을 없애려면 가장 먼저 자원지원에 대한 발상이 전환되어야 한다. 즉 자원지원에 대한 관점을 '비용'이 아닌 '투자' 마인드로 혁신하는 것이 가장 긴요하다. 구성원들에게 제공하는 자원은 통제하고 절감하기 위한 대상이 아니다. 자원지원은 억제되어야 할 비용이라는 생각을 버리고, 고성과 및 고생산성을 유발하기 위해 투입되어야 하는 투자라는 생각으로 전환해야 한다.

아울러 구성원들의 생각도 함께 바뀌도록 이끌어야 한다. 리더는 구성원들이 오늘을 충실하게 살되 내일의 준비도 꾸준히 병행해야 함을 잊지 말도록 일깨워주는 존재다. 특히 실행을 담당하고 있는 구성원 입장에서는 단기적으로 성과를 내는 데 집중할 수밖에 없기에, 본인들이 장기적인 안목에서 수행해야 하는 가치 있는 일들을 자신도 모르는 사이에 놓치는 경우가 많다.

그럴수록 구성원들이 자원의 많고 적음에 집착하지 않고, 그 자원을 목표달성을 위해 어떻게 효율적으로 활용할 것인가에 더욱 집중할 수 있도록 해야 한다. 나아가 구성원들이 단기성과와 더불어 중장기성과를 감안한 활동을 리더에게 제안하거나 지원해달라고 요청할 때는 과감하게 현실성 있는 자원을 지원하는 것이 구성원들의 몰입과 사기진작에 매우 중요하다.

눈에 보이는 재무적인 성과나 고객들에 대한 성과가 좋아졌을 때, 얼핏 보면 외부환경이 갑자기 좋아졌다거나 리더 본인이 잘해서라고 생각할 수도 있다. 그러나 곰곰이 따져보면 수년간 업무 프로세스를 개선했다거나, 구성원들의 역량수준을 높여놓았다거나, 아니면 성과를 낼 수 있는 인프라 개선에 많은 공을 들여왔던 것이 이제야 꽃을 피웠음을 알 수 있을 것이다. 이렇듯 리더라면 구성원들을 잘 이끌어서 단기성과와 더불어 중장기, 미래성과를 도모할 수 있도록 '투자'에 인색하지 말아야 한다. 그 씨앗은 몇 년 후 리더인 당신의 손안에서 고스란히 값진 열매로 탈바꿈할 것이다.

구성원이 당신의 동반자로서 주체적으로 일하도록 이끌려면, 무엇보다 서로가 공유한 목표를 향해 구성원이 자율적으로 실행할 수 있도록 권한을 주어야 한다. 구성원이 실행할 세부적인 목표와 기준을 제시하고, 그들이 자신의 아이디어를 바탕으로 달성전략을 수립할 수 있도록 지원해주는 것이 진정한 권한위임의 시작이다. 그런데도 일부 리더들이 실행과정에 사소한 부분까지 사사건건 개입함으로써 구성원의 사기를 떨어뜨리고 성과창출도 방해하곤 한다.

20

자원을 제대로 쓰고 있는지, '목표' 중심으로 모니터링하라

"아직 3월밖에 안 됐는데 올해 예산을 50%나 썼어? 이래서야 연말에는 어떻게 할 건가? 대체 관리를 어떻게 한 거야?"

우리는 보통 주어진 자원을 '얼마나 썼는지'에 촉각을 곤두세워 모니터링하곤 한다. 그러다 보니 목표달성을 위해 제대로 활용되고 있는지 확인하고 점검하기보다는 한정된 자원을 통제하는 데 급급해진다. 위에서 언급한 대사를 보면 예산을 초과 지출했다는 평가를 피할 수 없어 보인다. 그러나 성급히 판단하기 전에 다음 문장을 보자.

"3월 현재까지 예산을 50% 썼군. 예정했던 대로 1분기 동안 기초투자가 다 이루어졌으니, 조금만 신경 쓰면 2, 3, 4분기는 크게 문제되지 않겠어."

어떤가, '1분기 기초투자'라는 전략과 연계해 생각하면 예산집행에 대한 평가가 조금은 달라지지 않는가? 기초를 튼튼히 닦아놓은 만큼 앞으로 자원연소는 획기적으로 줄어들 것이라는 예상이 가능하다.

많은 기업에서 자원이 한도 내에서 제대로 집행되고 있는지, 자원의 지원범위를 벗어나고 있는지, 또는 남아 있는 자원이 없는지 등 자원의 소진과정만 점검하는 소모형 자원 모니터링을 하고 있다. 리더가 조급증에 사로잡힌 나머지 자원을 쓴 절대량에만 신경 쓴다면 애써 수립한 성과달성전략과 예산집행계획은 의미가 없어지고, 실행하는 구성원들의 성과달성 의지도 꺾여버리고 만다. 이처럼 주먹구구식 소모형 자원 모니터링을 벗어나기 위해서는 2가지 점을 고려해 운영해야 한다.

첫째, 자원의 연소과정을 '목표'를 중심으로, 그리고 '전략'과 함께 동시에 점검하는 것이 필요하다. 단지 결과로 나타나는 자원 소모량에만 초점을 두지 말고, 어느 전략과제에 예산이 집중됐는지 찾아내고 분석하라. 책정된 자원을 초과하지 않았다 하더라도 전혀 엉뚱한 목표를 달성하는 데 활용되거나 항목별 소요량을 정확히 예측하지 못했다면, 이는 자원을 제대로 활용했다고 볼 수 없다.

즉 자원에 대한 올바른 모니터링을 통해 올바른 목표와 대상을 중심으로 전략을 실행하고 있는지, 자원을 효율적으로 활용하고 있는지, 그리고 앞으로도 지금의 기준으로 자원을 지원하면 되는지 여부를 따져봐야 한다. 자원의 연소과정을 곱씹어봄으로써 다음번에는 동일한 실수를 반복하지 않도록 해야 할 것이다. 지원해야 할 자원을 목표 중심으로 산정하고, 일을 마친 후에 실제 소요된 자원과 예상치를 비교하며 시사점을 도출해 다음 프로젝트에 반영한다면, 더욱 전략적으로 성과목표달성을 위한 자원지원을 할 수 있을 것이다.

전략을 기준으로 자원을 배분하는 것은 조직의 효율성 면에서도 매우 중요하다. 자원의 총량은 제한돼 있어서, 한쪽에서 과용하면 다른 곳에 투입될 수 있는 자원이 묶여버리기 때문이다. 대개 자원을 너무 적게 배정해서 문제가 되곤 하지만, 때로는 유사시에 대비해 자원을 지나치게 많이 확보해놓거나 혹은 처음 해보는 일이라고 무턱대고 자원을 넉넉히 지원해서 물의를 일으키기도 한다. 그러므로 회사나 리더는 물론이거니와 구성원들 역시 성과목표를 중심으로 자원을 구체적으로 배분하며 활용하고, 일이 끝난 후에는 자원의 소모과정을 분석하는 과정을 끊임없이 반복해 전략과 자원의 이상적인 비례치를 익히도록 하는 것이 중요하다.

둘째, 월별 또는 분기별로 성과분석과 '자원 모니터링'을 실시하여 투입된 자원과 달성된 성과 현황을 파악하고 있어야 한다. 나아가 모니터링을 통해 성과달성 환경이 변화되고 있음을 인식하고 능동적으로 대처해야 한다.

예전에는 연초에 자원계획을 수립하면 문서를 서류철에 묵혀두고는 연말이 된 후에야 꺼내보곤 했다. 그것도 성과목표를 달성했는지 여부는 고려하지 않고 '지출' 항목의 계획치와 실적을 단순 비교하는 수준이었다. 운영된 예산을 분석하고 리뷰하지 않는 것은 말할 것도 없다. 결과적으로 예산계획이 무용지물이 되는 것은 당연한 수순이다.

이처럼 목표달성을 위한 자원 모니터링이 자금집행에만 쏠려 있어, 일이 끝나도 투입된 시간, 사람, 정보, 금전적 예산이 어디에 어떻게 활용되었는지 모르는 경우가 태반이다. 이러다 보니 다음 해 예산을 편성할 때 또다시 '맨땅에 헤딩'을 감행하거나 '전년 대비 몇 퍼센트 인상'이라는 식의 막연한 추측만 하게 되는 것이다.

하지만 이제는 그렇게 해서는 안 된다. 자원 모니터링의 핵심은 전략이 제대로 수행되었는지 확인하고, 아울러 여기에 투입된 시간자원, 인적자원, 재무(예산)자원, 정보자원 등이 효과적으로 활용되었는지 점검하는 데 있다. 이를 더욱 확실히 하기 위해서는 최종결과가 나온 뒤가 아니라 일을 하는 도중에 중간 모니터링을 실시해야 한다. 중간 모니터링을 통해 어떤 자원들이 투입되었는지 명확히 파악하고, 나아가 자원조달과 관련된 이슈를 검토하는 것이다. 아울러 연간단위의 항목별 예산을 월별로 세분화하고 그에 따라 소요된 자원내용을 리뷰하면, 과연 자원이 효율적으로 활용되었는지 시사점을 도출할 수 있다. 그 결과 계획치와 실적에 차이가 날 때는 성과분석을 하여 전략을 점검하고, 자원이 얼마나 어떻게 투입됐는지를 논의하여 향후 개선방안을 뽑아내게 된다.

성과 모니터링을 충실히 이행하면 만약 성과목표가 달성되지 못했을 때 원인을 찾는 데 좋은 자료가 될 수 있다. 즉 전략이 미흡해서인지, 아니면 부족한 자원지원 때문인지, 또는 성과목표를 구체적으로 형상화하지 못해서인지가 어느 정도 드러난다. 최종성과를 가늠해 수립한 지원내역이 과연 실제 성과와 견줘봐도 효과적이었는지, 차이가 있다면 그 간극을 메우기 위한 방안은 무엇인지 모색해본다면, 이는 당신의 조직이 지속적으로 성과를 창출하는 데 큰 밑거름이 될 것이다.

21

위임전결규정을 '업무와 계급' 중심에서 '목표와 전략' 중심으로 혁신하라

목표달성전략과 예산계획을 효과적으로 운영하고 구성원들이 성과책임과 역할을 다하도록 하기 위해서는, 먼저 업무실행방법과 예산사용에 대한 의사결정의 방식과 내용부터 바뀌어야 한다.

지금껏 우리의 의사결정 방식은 한마디로 '다단계'였다. 업무와 기능 중심으로 층층이 올라가면서 의사결정이 이루어지고, 중요한 결재는 CEO가 직접 나서서 하는 방식. 하지만 이렇게 해서는 현장에서 튀어나오는 다양한 고객의 니즈와 원츠를 제때 충족시키기 어렵다. 왜? 여러 가지 이유가 있지만, 무엇보다 의사결정의 스피드가 떨어지기 때문이다.

그래서 많은 기업이 핵심적인 사안을 제외하고는 대부분 위임전결규정을 두어 처리하게끔 하고 있다. 조직의 규모에 상관없이 결정해야 하는 일들이 늘어남에 따라, 의사결정의 스피드를 높이고 일관성을 유지하기 위해 두는 것이 위임전결규정이다. 그런데 이 제도에도 부작용이 있다. 사안마다 위임전결 단계가 각기 달라 혼선을 빚는 것이다. 원래 사안의 경중에 따라 신속히 의사결정하고, 필요하면 관련부서들이 동시에 대처할 수 있도록 위임전결 단계를 다양하게 한 것인데, 이제는 형식주의로 빠져 오히려 의사결정을 지연시키고 있으니 문제다. 그래서 현재는 위임전결규정을 혁신하기 위해 기업마다 머리를 싸매고 있는 실정이다.

일례로 어느 대기업은 기존의 전자결재 시스템을 모두 폐지하고 e메일로만 결재하도록 했다. 예를 들어 주요 의사결정사항의 경우 실무자가 팀장, 이사, 본부장, 사장에게 한꺼번에 결재요청 e메일을 보내면, 의사결정권자들은 전체 답장 버튼을 눌러 해당 안건에 대해 자신의 의사를 표명하는 것으로 결재를 대신한다고 한다.

이전까지만 해도 팀장부터 시작해서 사장까지 순차적으로 결재를 받는 것에 익숙했던 구성원들은 도입 초기에 꽤나 혼란스러워했다고 한다. 팀장들은 그들 나름대로 처신하기 어려워 곤혹스러워했다. 상급자가 먼저 찬성해버리면 하급자인 팀장은 반대의견을 내놓기 매우 어렵기 때문이었다. 하지만 시간이 지나면서 팀장이나 임원들도 상위 결재권자의 의견과 상관없이 점차 실시간으로 자신의 의견을 표명하게 되었고, 이것이 의사결정에 반영되는 빈도도 높아졌다고 한다.

이 기업은 결재시스템을 혁신함으로써 의사결정의 속도를 몰라보게 높였다. 그러나 우리가 정작 눈여겨봐야 할 점은 따로 있다. 이 기업에서 혁신한 것이 단순히 '속도'만은 아니라는 점이다. 이들은 의사결정권자들의 수평적인 의견 교환을 유도함으로써 궁극적으로 목표달성을 위한 의사소통방식을 개선했다. 결재서류가 층층이 올라가는 기존의 체계에서는 생각하기 힘든 구조다. 그런 점에서 이 회사의 새로운 결재시스템이 궁극적으로 바꾸어놓은 것은 무엇일까? 의사결정의 속도가 아닌, 직책이나 직위에 관계없이 활발히 의견을 교환할 수 있도록 하는 '성과책임 중심의 사고방식'이 아닐까?

이 기업처럼 경영의 속도를 높이고 구성원들의 성과책임과 자율성을 확보하기 위해서는, 의사결정 기준이 되는 위임전결규정을 혁신해야 한다. 그 핵심은 '업무와 계급' 중심에서 '목표와 전략' 중심으로 혁신하는 것이다. 우리가 흔히 접하는 위임전결규정은 업무와 기능 중심으로 나누어져 있다. 이런 방식은 우리가 목표를 달성하기 위한 전략과는 사실 깊은 관계가 없다. 그야말로 '서류 속의 기준'일 뿐이다.

위임전결이란 그저 문서화된 형식적인 규정이 아니라, 모든 일을 추진할 때 기준과 운영원칙이 되는 시스템이다. 그러므로 위임전결은 당해년도 목표를 달성하기 위한 성과책임과 그 역할을 제대로 실행할 수 있는 형태로 운영되어야 한다. 단순히 해야 할 일을 나열하는 것이 아니라, 조직과 개인이 책임지고 제공해야 하는 가치에 대해 명확히 과제화하고 기준으로 제시할 수 있어야 비로소 제 역할을 하는 위임전결이라 할 것이다.

위임전결이 본연의 의도에서 벗어나 운영되면 의사결정권자가 자신의 취향과 기분에 따라 그때그때 의사결정을 하게 되어 조직 또한 그때그때 달라지는 모습을 고객에게 보이게 된다. 구성원들로서는 어느 장단에 맞춰 춤을 춰야 할지 모르는 혼란에 빠지기 딱 좋다. 그 결과 고객접점의 실무자들은 일을 하면서도 계속 뒤돌아보며 "할까요, 말까요?"를 물어볼 수밖에 없게 된다.

실제로 기업에서 이루어지는 위임전결규정을 조금만 깊이 들여다보면, 건건이 그 내용을 처리하느라 본래의 취지와 맞지 않게 중앙통제적인 조직운영을 유지하고 있는 것이 대부분이다. 목표나 전략을 반영하는 위임전결은 거의 찾아볼 수 없다. 그럼에도 우리는 이런 규정에 기대어 자신의 성과책임과 의사결정에 대한 책임을 다른 사람에게로 돌려버린다. 마치 폭탄 돌리기 놀이를 하듯이. 모두의 책임은 아무의 책임도 아니라는 말을 실감하는 순간이다.

물론 위임전결규정을 혁신하려면 신중해야 한다. 무엇보다 회사제도에 관한 사안인 만큼 처음부터 다양한 '경우의 수'를 고려해 접근해야 할 것이다. 아울러 위임전결규정을 수정하려는 가장 중요한 이유가 실무자로 하여금 업무와 목표에 대한 성과책임을 갖고 일하도록 하는 것이므로, 이 점에 초점을 맞추어 우리가 개선할 방안을 고민할 필요가 있다.

만약 현행 제도를 고치기 어렵다면 어떻게 할까? 이때는 목표달성을 위한 규정은 표준화된 내용으로 받아들이되 목표와 전략을 중심으로 책임과 권한을 재정리할 필요가 있다. 그렇게 해서 실무자가 자신의 성과책임에 대해 책임감을 갖게 하는 것이다.

이를 위해 리더는 연간목표를 달성하기 위해 수립했던 '모母전략mother strategy'과 목표를 중심으로, 실무자에게 월간단위의 목표를 전략적으로 쪼개어줄cascading 필요가 있다. 즉 연간 성과목표를 월간단위로 전략적으로 쪼개어 실무자에게 배분하고 운영하게끔 함으로써 연간목표는 리더가, 월간목표는 실무자가 책임을 다하게 할 수 있다.

의사결정을 적시에 효과적으로 행하고, 체계적으로 업무를 수행하기 위해 도입된 것이 위임전결규정이다. 그런데 이것이 어느 순간부터인가 '누가 이 실패에 책임이 있는지'를 따지는 근거로 악용된 이유는 무엇일까? 리더인 나에게는 아무 잘못도 없는지, 곰곰이 되새겨볼 일이다.

리더는 현실과 동떨어진 시스템을 만들어 구성원, 특히 성과를 달성하는 구성원을 옥죄는 존재가 되어서는 안 된다. 성과를 달성하고 동시에 시스템을 가장 효율적으로 유지하기 위한 길이 무엇인지 고민해보자. 그런 점에서 성과목표를 기준으로 달성전략을 수립하기 위한 방향으로 위임전결을 혁신하는 것은 리더가 장기적으로 추진해야 할 중요과제다.

네 번째 원칙

사사건건 간섭 말고 '자율경영' 응원하라

자기완결적 실행권한 위임

22

간섭을
코칭으로
오해하지 마라

성과목표를 달성하기 위해 필요한 자원배분까지 끝냈는가? 그렇다면 이제는 구성원들이 얼마만큼 자율적으로 잘 실행하느냐가 성과창출의 관건이 된다. 리더로서 당신이 할 일은 한 매듭 지었으니 구성원들이 본격적으로 무대에 올라야 하는 것이다.

그러나 이 단계에서 많은 리더들이 실수를 범하는 경우를 종종 본다. 리더 스스로 '주인공'이 되고자 하는 것이다. 성과목표와 전략에 대해 합의한 이후에도 구성원들에게 실행권한을 주지 않는 리더가 의외로 많다. 자신이 가진 권력과 지위를 이용해 구성원들의 행동과 시간을 통제하는 것이다. 심지어 문서양식, 글꼴 하나까지 자기 식대로 할 것을 요구하는 이들도 있다. '코칭'이라는 명분 하에 말이다. 하지만 그들은 모른다. 자신의 행동은 코칭이 아니라 '간섭'이라는 것을, 그리고 그것이 조직의 성과를 돕기는커녕 오히려 방해만 하고 있음을 말이다.

안타깝게도 많은 리더들이 실행권한에 대한 욕심을 버리지 못하고 있다. 처음에는 구성원의 사소한 행동이 눈에 거슬려서 지적하기 시작한다. 그렇게 '잔소리'를 하다 보면, 어느새 그들의 일하는 방식까지 하나하나 간섭하며 본인의 입맛대로 통제하게 된다. 그런 식으로 자신의 꼭두각시를 만들어가는 것이다.

그런 리더들에게 길들여져서 '시키는 대로 하겠다'는 수동적인 마인드를 체화한 구성원들에게, 과연 능동적인 성과창출 의지를 기대할 수 있을까? 그들이 수립하는 성과목표 달성전략에서 혁신적인 아이디어를 찾아볼 수 있을까? 어림없는 말씀. 간섭하는 리더 주위에는 일을 찾아서 하는 이들은 사라지고, 닦달을 해야 겨우 엉덩이를 떼는 '답답이'들만 남게 될 뿐이다.

자신의 위치가 발로 뛰는 구성원이 아니라 그들을 지휘하는 리더라면, 구성원들을 믿고 실행권한을 과감히 위임할 수 있어야 한다. 그래야 당신이 원하는 진정 탁월한 성과가 만들어질 수 있다.

그동안 많은 조직의 리더들이 구성원들을 배려하지 않았던 것이 사실이다. 일을 지시하면서 일의 목적과 방향을 제대로 공유하지 않았고, 용기를 내어 물어보는 구성원에게 차근차근 설명해주지도 않았다. 오히려 질문을 하면 "그것도 몰라서 물어보냐?"고 질책부터 하니, 안 그래도 윗사람이 어려운 구성원은 혼날 것이 두려워 그만 말문을 닫아버리고 마는 것이다.

모르면 리더에게 묻는 것이 당연하지 않은가? 오히려 이럴 때는 역정을 낼 것이 아니라, 서로가 실행방법에 대한 대안을 가지고 논의할 수 있도록 구성원들의 역량을 제고시키는 방안을 연구해야 할 것이다.

리더가 구성원을 일일이 감시하고 통제해서는 경영의 스피드와 구성원의 실행력을 제고할 수 없다. 구성원들이 성과를 내기 바란다면, 리더가 먼저 기존의 일하는 방식을 버리고 새로운 방식으로 혁신해야 한다. 실행하는 사람으로 하여금 전략을 수립하게 해서 코칭을 통해 공감대를 형성한 후에는 실행권한을 위임함으로써, 구성원들이 스스로 선택한 전략과 방법에 의거해 목표를 향해 한걸음씩 나아가고 있다는 의미를 새길 수 있도록 해야 한다.

23

델리게이션 하지 않는 것은 인간으로서의 생존본능 때문이다

직장인 10명 중 9명은 리더에게 사표를 던지고 싶은 충동을 느낀다는 설문조사 결과가 있다. 그중 4명은 실제로 정든 직장을 박차고 나온다고 한다. 능력을 믿어주지 않고 대놓고 무시하는 리더에게 질렸다면서. 흔히 생각하듯이 일이 힘들거나 연봉이 적어서가 아니라 리더나 직속상사 때문에 '딴 마음'을 먹게 되는 것이다.

충분히 이해된다. 리더로부터 성장할 수 있는 비전을 발견하지 못하고, 심지어 불신 속에 통제만 당한다면 어느 누가 그런 조직에 헌신하겠는가. 특히 어느 정도 일이 숙련되어 자기 소신껏 일하고 싶어 하는 이들은 리더의 간섭을 족쇄처럼 느껴 갑갑해 한다.

물론 리더가 구성원들에게 거리낌 없이 실행을 맡길 수 있으려면, 그들이 먼저 탁월한 실력을 갖추고 올바른 태도로 리더에게 신뢰를 주어야 한다. 델리게이션은 상호작용이어서 구성원들이 먼저 어떻게 해주느냐에 따라 리더의 위임 폭이 많이 달라질 수 있다.

그러나 이 말을 악용하지는 말자. 리더 본인의 이유 때문에 델리게이션을 꺼리면서 무조건 구성원의 역량과 자질 탓을 하면 곤란하다. 실제로 구성원이 일을 많이 하면 리더 자신의 존재감이 흐릿해질까 봐 두려워하는 한심한 이들이 많다. 한편으로는 이해가 되는 면도 있다. 구성원들에게 실행에 대한 델리게이션을 해버리면 리더는 다른 역할을 찾아야 하는 데 이게 말처럼 쉽지 않다. 그래서 구성원들이 하는 일에 대해 '관리'라는 미명하에 리더가 습관적으로 개입하는 것이다.

또 하나는 리더가 직접 해야만 하는 실무적인 일들은 주로 미래를 준비하는 일이나 과거를 개선하는 일, 리스크를 예방하는 일, 구성원들을 육성하는 일이다. 이러한 일은 단기성과로 바로 나타나지 않는다. CEO들이 당장 관심을 가지고 있는 일들은 매출이나 이익과 같은 단기성과나 단기실행과제들인데 이러한 일들은 대부분 실무자들이 수행하고 있다. 리더들이 자신의 존재가치를 부각시키려면 눈에 보이는 실질적인 결과물이 있어야 하는데 본연의 역할 결과물들은 죄다 눈에 드러나지 않고 실무자들의 성과나 미래의 성과에 묻혀서 드러날 것이기 때문에 생존본능이 발동되어 실무자들이 수행하고 있는 단기성과에 집착하는 것이다.

또한 구성원의 공을 가로채는 리더도 드물게 존재한다. 이런 행동은 주로 중앙통제적이며 수직적인 조직에서 많이 나타나는데, 이들은 윗사람에게 자신의 존재감을 부각시키기 위해 구성원의 아이디어나 성과를 가로채는 행동을 서슴지 않는다.

CEO는 이러한 리더들의 현실적인 불안감이나 애로사항을 반드시 해결해주어야 한다. 그래야 조직이 바뀐다. CEO는 리더들의 역할을 따질 때 매출이나 이익과 같은 단기성과나 하위실무조직이나 실무자들이 수행하는 실행과제 완료 여부만 따지지 말고 전략적인 실행과정을 따져야 한다. 또한 임원이나 팀장에 대해서는 단기 재무성과 지표만으로 평가하기보다 미래를 위한 선행과제, 리스크 예방과제, 개선과제, 구성원 육성과제를 주요 성과평가지표로 설정하고 리더들의 행동을 전략적으로 유도해야 한다.

실행권한을 틀어쥐고 있는 리더가 모두 '생존본능'에만 사로잡혀 있는 것은 아니다. 때로는 성과 마인드가 지나치게 투철(?)해서 권한위임을 하지 않는 이들도 있다. 그들의 생각은

한마디로 이렇다. '성과는 내가 내는 것이다. 구성원들은 그저 나를 보좌하는 사람일 뿐!'

더 솔직하게 표현하자면, 자신과 함께 근무하는 구성원들이 성과를 내는 것은 용납할 수 없는 일이고, 그들을 파트너가 아니라 그저 부하나 몸종 정도로 생각하는 것이다. 한마디로 리더 자신이 실무자이고 실무자들은 그저 실무보조자에 불과할 뿐이라는 것이다. 모두 조직의 지속적인 성과창출에 방해만 되는 생각들이다. 구성원들이 실행권한을 위임받았다고 느끼게 해주려면 리더들은 어떻게 해야 할까?

첫째, 리더가 구성원의 영역을 침해하지 못하도록 원천적으로 막으려면, 서로의 목표를 다르게 가져가는 것이 첩경이다. 이를 위해서는 구성원과 리더의 성과책임과 역할에 대해 명확한 기준을 차별화되게 수립해서 알려 주어야 한다. '성과 기준을 수립한다'는 말에는 리더와 구성원의 성과목표가 차별화돼야 한다는 뜻이 전제돼 있다. 그러나 대다수 기업들의 성과관리 시스템을 들여다보면 임원과 팀장의 성과목표가 똑같은 내용과 항목으로 채워져 있음을 알 수 있다. 그 내용은 물론 팀원들에게도 고스란히 반복된다. 이렇게 동일한 성과목표를 임원, 팀장, 팀원의 인원수대로 나눈다면, 구성원이 성과를 내는지 리더가 성과를 내는지 제대로 구별할 수도 없지 않겠는가? 각자의 역할과 성과책임에 맞는 성과목표를 설정하는 것이 구성원에게 델리게이션을 제대로 하는 가장 중요한 관문이다.

둘째, 구성원 스스로 달성전략을 수립하게 한다. 구성원들에게 델리게이션을 제대로 하고 싶다면, 먼저 구성원이 목표 달성전략을 수립한 후 이를 당신과 함께 보완하도록 하자. 구성원의 전략이 무엇인지 들어보고 코칭한 후, 그들에게 델리게이션 할지 여부를 결정하면 된다. 그럼으로써 구성원을 자연스럽게 전략의 주체로 세울 수 있다.

셋째, 구성원으로 하여금 과정목표와 달성전략에 대해 수시로 코칭 받도록 제도화한다. 짧게는 주간단위로 성과코칭을 하거나 월간단위로 전략을 논의하는 것이 바람직하다. 꼭 회의실에서 문서를 갖고 모일 필요 없이, 티타임을 갖거나 점심식사를 하며 편안한 분위기에서 대화하는 것도 나쁘지 않다. 요즘은 재택근무나 원격근무가 많아지는 추세이므로 랜선관리가 대세다. 그래서 굳이 코칭을 할 수 있는 공간이 없어도 온라인에서 다양한 도구들을 활용하여 얼마든지 코칭을 할 수 있다. 직위가 낮은 팀원들은 팀장이나 본부장의 코칭을 부담스러워할 수도 있으므로, 이때는 팀 내의 시니어 팀원을 성과코치로 지정하는 방안을 고려해보자. 그에게 후배에 대한 코칭권한을 부여하고, 리더는 전략코칭에 집중하는 것도 하나의 대안이다.

훌륭한 리더는 시간이 흐른다고 저절로 만들어지는 것이 아니다. 때로는 오해 아닌 오해를 받을 수도 있고, 때로는 함께 일하는 구성원이 리더보다 높은 성과를 창출해 칭찬을 받을 수도 있다. 그러나 무엇이 걱정인가. '청출어람青出於藍'이라 했다. 자신보다 뛰어난 인재를 키우는 것이야말로 리더의 중요한 역할이요, 보람 아닌가. 역량과 의지가 충만한 인재를 키우는 길은, 그들에게 전략적 지혜와 함께 자율성을 채워주는 데 있다.

목표와 전략을 합의하고 실행과정에서는 과감히 뒤로 물러나되, 변화되는 환경에 맞추어 새롭게 수립해야 하는 전략에 대해 지속적으로 코칭해주는 것이 이 시대의 리더에게 강조되는 역할이다. 이제 구성원들의 실행과정에 사사건건 감초 영감처럼 간섭하고 끼어드는 속 좁은 행동을 보여주는 리더는 더 이상 설 자리가 없다.

24

‘사람 중심’의 업무위임하지 말고 ‘목표 중심’의 전략위임하라

많은 리더들이 새로운 프로젝트에 투입할 인원을 선발하면서 '누가 이 일을 잘하는지'보다 '지금 누가 덜 바쁜지'를 먼저 살핀다. 마치 컨베이어 벨트 돌리듯 순서대로 일을 맡기는 것이다. 이는 능력이 아니라 '일의 배분'에만 관심을 쏟는 셈이다.

이제부터는 일을 시킨다면서 바쁘지 않고 한가한 사람에게 과제를 배분하는 오류를 범하지 말고, 구성원이 가지고 있는 능력을 근거로 임파워먼트 하는 마인드가 필요하다. 물론 그러려면 리더가 사전에 구성원들의 능력을 충분히 파악하고 있어야 하며, 장점을 끌어낼 수 있는 적절한 역할부여도 이루어져야 할 것이다.

임파워먼트를 하고 나면 본격적으로 델리게이션을 해야 한다. 임파워먼트의 기준이 '능력'이라면 델리게이션의 기준은 '역량'이다. 능력이 갖춰진 사람에게 임파워먼트 했다고 하더라도 기간별로 역할과 책임을 부여하고 실행에 대한 권한위임을 제대로 하기 위해서는 델리게이션이 필수적이다. 델리게이션은 리더와 실무자가 목표를 합의하고, 실무자가 실행 전략과 방법을 고민하고 나면, 리더는 실행전략을 코칭하고 실행행위를 위임하는 것이다.

그리고 '사람' 자체를 보고 업무위임을 하는 것도 조심해야 한다. 과거에는 리더가 척 보고 믿을 만한 사람이라고 판단되면 곧바로 여러 가지 권한을 주는 일이 비일비재했다. 반대로 누가 봐도 역량이 충분함에도 '괘씸죄'에 걸려 일일이 간섭받고 통제받는 구성원들도 많았다.

안타까운 일이지만, 지금도 이런 리더들이 없지 않다. 물론 구성원이 일을 잘못하여 리더의 신뢰를 얻지 못하는 경우도 많다. 그러나 여기서 누구의 잘잘못을 가리는 것은 무의미하다. 권한위임은 리더와 구성원 어느 한쪽이 잘하느냐의 문제가 아니라, 어떤 메커니즘으로 어느 수준에서 해야 성과가 높아지는지를 기준으로 바라보아야 한다. 즉 '사람'이 아니라 '시스템'으로 접근해야 한다는 말이다.

앞에서 위임전결규정을 목표와 전략 중심으로 혁신해야 한다고 했다. 같은 맥락에서 이제는 리더가 예전처럼 믿을 만한 사람에게 '업무'를 위임하는 것이 아니라, 능력을 갖춘 사람에게 임파워먼트 하고 역량을 갖춘 사람에게 델리게이션 하는 즉, '전략'을 위임하는 방안을 모색해야 한다.

그렇다면 능력이 검증되지 않은 사람에게 하는 업무위임과 역량 있는 사람에게 하는 전략위임은 어떻게 다른가? 능력이 검증되지 않은 사람에게 하는 업무위임은 구성원들이 리더의 일을 대신 하되, 책임과 실행권한은 없이 항상 리더의 간섭을 받는 것을 의미한다. 반면 역량 중심의 전략위임은 실행전략에 대해 리더와 큰 틀에서 합의가 되었으면 구성원들이 책임과 권한을 가지고 실행에 몰입한다는 점에서 결정적인 차이가 있다. 전략을 위임한다는 것은 성과목표에 대해 구성원과 사전에 합의하고, 그들의 역량을 감안해 달성전략을 수립하게 하여 합의한 다음, 구체적인 실행계획을 그들 스스로 수립하고 이행하게 하는 일련의 과정을 가리킨다.

특히 정해진 짧은 기간 동안 과제를 처리하고 성과를 창출해야 할 때는 성과목표와 전략 중심의 권한위임, 델리게이션이 결정적인 성공요소가 된다. 이 기간 동안 구성원은 리더의 잔소리나 감시, 통제에 의해 움직이는 것이 아니라, 자신이 고민한 실행방안을 능동적으로 실천할 수 있다. 이것이 왜 중요한가? 리더에게 꼭 필요한 성과주체 1명을 성장시키는 계기가 되기 때문이다. 그런 점에서 델리게이션 관점의 전략위임은 성과를 확실하게 담보하기 위한 최선의 전략적 선택이기도 하다.

전략위임이 가능하려면 한 가지 중요한 전제조건이 있다. 당신은 구성원들이 성과목표 달성전략을 제대로 실행하리라고 믿고 있는가? 이 질문에 '그렇다'고 대답하지 못한다면 아무리 전략위임이 이상적인 대안이라 해도 무용지물이다. 구성원의 수행역량이 일정 수준 이상 되어야 실행방법의 선택권한을 구성원들에게 믿고 맡길 수 있다. 많은 리더들이 델리게이션을 주저하는 것도 이 때문이다. 구성원들이 잘할 것 같지 않으니 믿고 맡기지 못하는 것이다.

그러나 언제까지나 리더가 모든 전략수립을 틀어쥐고 있을 수는 없는 일이다. 델리게이션이 가능한 환경을 만들기 위해 리더는 구성원들이 성과목표에 대한 공감대를 얼마나 밀도 있게 형성하고 있는지 수시로 확인해야 한다. 아울러 구성원들이 주로 어떤 실행방안을 선택하는지 평소에 꾸준히 관찰해야 한다. 구성원의 역량 수준과 관련된 정보는 물론, 그들의 강점이나 가치관, 자아성찰 등을 상시적으로 모니터링해야 함은 물론이다.

평소 업무코칭을 할 때 도전적인 연구과제를 주어서 구성원들로 하여금 리더가 자신의 역량을 신뢰한다고 믿게 하고, 그들 스스로 동기부여하여 역량을 개발하게끔 이끄는 것도 좋은 방법이다.

물론 리더만큼이나 구성원들도 피나는 노력을 해야 한다. 전략을 위임받을 때 리더의 주관적인 판단에만 기대려 하지 말고, 자신이 먼저 실천방안에 대한 창의적인 아이디어를 제시해야 한다. 이를 통해 역량을 인정받음으로써 자신이 믿을 만한 존재라는 것을 스스로 입증해야 한다. 이 점을 구성원들에게 제대로 인식시켰는가? 그렇다면 당신은 성과달성에 이르는 가장 귀한 패牌 하나를 손에 넣은 셈이다.

25

델리게이션의 기간은 역량에 따라 달라진다

구성원에게 델리게이션을 할 때는 절대적으로 그의 '역량'을 기준으로 삼아야 한다. 역량이 무엇인가. 성과목표달성을 위해 전략을 수립할 수 있고 수립된 전략을 행동으로 옮길 수 있는 '전략적 실행력'이다. 그런데 델리게이션을 한다면서 구성원의 역량을 제대로 모른 채 일방적으로 과제를 맡긴다면? 기대했던 목표와는 전혀 다른 결과가 나올 수밖에 없다.

이런 의미에서 리더는 자신과 함께하는 구성원의 역량을 정확히 진단하고 있어야 한다. 뛰어난 리더들은 구성원들의 특성과 역량을 정확히 파악하고 여기에 적합한 목표를 부여하여 전략을 실행하게 한다. 반면 무책임한 리더는 구성원의 역량도 파악하지 않은 채 난생처음 해보는 일을 아무렇지도 않게 시킨다. 그게 구성원을 강하게 키우는 비결이라고 포장하면서 말이다.

구성원에 대한 정확한 역량진단을 바탕으로 성과책임을 배분하는 것은 리더가 해야 할 가장 중요한 역할이다. 이때 고려할 것은, 구성원의 업무처리 역량과 실행속도에 따라 델리게이션의 범위와 기간을 다르게 해야 한다는 것이다. 이는 팀을 효율적으로 운영하는 리더의 중요한 노하우이기도 하다.

역량이 높은 하이퍼포머에게는 실행기간이 긴 월간 정도의 과제에 대해서도 델리게이션 해도 된다. 성과목표를 제시해주고 전략에 대한 코칭을 한 후에 실행에 관해서는 전적으로 델리게이션을 해도 주간단위로 모니터링만 해주면 문제될 것이 없다. 그러나 역량이 낮은 구성원이라면 사정이 달라진다. 그들에게는 주간단위나 일일단위로 델리게이션을 해야 할 수도 있다. 그렇다고 해서 하나하나 리더가 전략과 방법을 지시하는 것은 금물이다. 실행기간이 짧은 과제라 하더라도 실행행위는 구성원이 해야 하므로 리더가 전략과 방법을 대신 고민하는 것은 안 된다. 이들에게는 실행과정에서 진도를 따라가면서 곁에서 모니터링과 코칭을 게을리하지 말아야 한다. 필요하다면 매일 아침 일일단위의 성과목표를 주고 실행방법을 수립하게 하고 코칭한 다음 실행하게 해야 한다는 얘기다.

많은 리더들이 "난 스파르타식이야"라며 모든 사람에게 힘든 과제를 주거나, '엄마 리더십'을 표방하며 사소한 것까지 꼼꼼히 챙기곤 한다. 구성원의 역량이 아니라 자기 스타일만 고집하는 것이다. 그러나 하이퍼포머에게 실행방법까지 시시콜콜 말하면 그건 '잔소리'고, 저성과자에게 "한번 해봐" 하고 과제를 던져준다면 그건 '방임'이다. 제대로 델리게이션을 하려면 자신이 아니라 상대방 구성원의 역량을 먼저 고려하여 델리게이션의 기간과 내용을 유연하게 결정할 수 있어야 한다. 여기에 구성원들이 일하는 방식까지 함께 고려한다면 델리게이션을 준비하며 다양한 대안을 마련할 수 있을 것이다.

한 가지 더 당부하자면, 델리게이션 전략을 고민하는 동시에 구성원이 먼저 델리게이션을 요청할 수 있는 분위기를 만들라는 것이다. 스스로 일 욕심을 내며 코칭을 요청하는 구성원과 '리더가 다 해주겠지' 하고 감나무 밑에서 감 떨어지기만을 기다리는 구성원의 최종성과는 그야말로 하늘과 땅 차이다.

"이 성과목표를 달성하기 위해 저는 이렇게 실행전략을 수립해봤습니다. 부족하지만 제게 전략실행의 자율권을 주시면 팀장님께서 원하시는 성과를 120% 창출하도록 하겠습니다."

구성원들이 이 정도의 자신감으로 무장하고 말할 수 있을 정도로 그들을 조련하고, 자유로운 소통에 집중해야 한다.

26

당신은
더 큰물에서
놀아라

임원의 역할은 무엇인가? 억대 연봉을 받으면서 대리들이 하는 오탈자 수정과 행간 줄맞추기에 매진하는 것이 임원이 해야 될 일은 결코 아닐 것이다. 임원은 조직의 미래, 시스템과 사람의 무형가치 창출, 구성원들을 미래의 경영파트너로 육성할 책임을 지고 있는 리더이자 경영자다. 그 어떤 직책의 리더들보다 오래된 경험과 노하우, 직관력과 통찰력을 보유하고 있기 때문에 임원 대접을 받는 것이다.

하지만 임원 대접을 받고 있으면서 정작 임원으로서 해야 할 역할을 도외시하는 사람들이 적지 않다. 이들은 구성원들이 해야 할 만한 통상적인 업무를 처리하는 데 대부분의 시간을 보낸다. 이런 리더가 건재하는 한, 그 조직은 5년 후의 미래를 보장받을 수 없다.

다음 이야기는 어느 기업을 컨설팅하면서 진행했던 인터뷰 내용 중 일부다. 어느 임원에게 회사에서 본인의 역할이 무엇이냐고 물었다. 그러자 그는 임원회의에서 다루는 사안을 설명해주었는데, 주로 장기미수금 고객 및 부도 위기에 처해 있는 고객사에 대한 관리대책, 생산라인에서 문제가 발생했을 때의 처리방안, 그리고 자금운영 방안에 대해 논의한다고 한다. 그러면서 마침 얼마 전 회의에 비슷한 안건이 올라왔다고 덧붙였다. 과거에 장기미수금 업체에 9개월 이상 납품을 지속하다가 수억 원의 손실을 입은 적이 있던 터라, 이에 대한 후속대책을 논의했다는 것이다. 임원들은 문제가 되는 고객사를 앞으로는 자신들이 직접 관리하기로 결정하고 회의를 마쳤다고 했다.

그러고 난 후 어느 선임팀장과 같은 내용으로 면담을 해보았다. 그랬더니 이게 웬일인가. 팀장회의에서도 같은 이슈를 다룬다는 것 아닌가. 그는 관리부에서 주로 장기미수금 고객사에 대한 현황을 논의하며, 그 외 생산량과 원자재 재고량이나 현재까지의 이익과 손실에 대해 다룬다고 했다. 이 두 건의 면담으로 임원회의와 팀장회의 내용이 엄밀히 말해 별 차이가 없으며, 실제로 임원과 팀장의 역할도 확연히 구분되지 않고 있다는 사실을 확인할 수 있었다.

말해 무엇하겠냐마는, 임원과 팀장의 역할과 책임은 반드시 구분되어야 한다. 전략설정과 권한위임의 틀에서 살펴볼 때, 임원의 역할은 회사의 중장기 성과목표를 연간목표로 쪼개어 실행조직인 팀장과 구성원들에게 배분하는 것이다. 아울러 현장의 고질적인 이슈와 문제를 해결하는 데 효과적으로 자원을 지원해야 한다. 다시 말해, 연간목표를 달성하는 데 대해서는 팀장에게 전략실행의 자율권을 위임하고, 임원 자신은 회사와 사업의 미래를 고민하고 구성원들의 현장 이슈를 해결해주어야 한다는 것이다.

한마디로 임원은 무형가치를 창조하고, 팀장은 유형가치를 창조한다. 임원은 중장기 성과와 미래 먹거리를 발굴하는 반면, 팀장은 단기성과를 만들어낸다. 임원은 조직의 잠재역량이 실제로 발휘되도록 이끄는 사람이고, 팀장은 그 역량으로 업무를 완결하는 사람이다.

간혹 어떤 임원들은 "우리 조직에는 쓸 만한 팀장이 없다"며 언짢아하는데, 그 말은 곧 "내가 임원이 되는 그 오랜 세월 동안 내 경영 파트너가 될 인재 하나 키우지 못했다"며 자신의 무능함을 인정하는 것과 별반 다를 게 없다. 팀장들을 무시하기 전에 오히려 부끄러운 줄 알아야 한다.

물론 팀장과 구성원의 실행역량이 정말 부족해 팀장이 해야 할 일에 임원이 직접 관여할 수밖에 없는 경우도 있을 것이다. 그런 일을 자주 겪을수록 팀장에게 역할과 책임을 제대로 구분해주고 역량을 향상시켜, 더 이상 임원이 팀장 역할을 하지 않도록 분발하게 할 필요가 있다. 문제가 되는 사안이 생겼을 때는 신속하게 검토해 최대한 빠르게 의사결정하되, 그 외의 시간은 조직의 3~5년 후 미래 먹거리를 찾는 데 할애해야 한다. 급한 이슈를 처리한다면서 정작 임원이 해야 할 본연의 역할을 망각해서는 안 된다. 임원이 해야 할 주요 역할은 미래를 위한 선행과제, 과거 문제를 해결하기 위한 개선과제, 조직의 성과에 부정적인 영향을 미칠 예상 리스크에 대한 대응과제, 역량이 부족한 팀장이나 시니어 팀원 육성과제를 발굴하고 실행하는 것이다.

전쟁이 났을 때 육군참모총장, 군단장, 사단장이 실행부대인 예하 연대장, 대대장, 중대장을 믿지 못해 직접 소총을 들고 싸우는 모습을 상상해보라. 군 전체를 이끌고 작전을 수립하고 수시로 바뀌는 전시상황을 아군이 유리한 쪽으로 만들어 '전쟁'을 승리로 이끌어야 할 지휘관들이 소총을 들고 전장을 뛰어다니며 '전투'를 직접 한다면 그 얼마나 황당하겠는가? 그런 수장首將이 '전쟁'을 승리로 이끌 수 있겠는가?

모든 이에게는 알맞은 역할과 책임이 있다. 임원은 임원답게, 팀장은 팀장답게, 자신에게 주어진 소명에 집중해야 한다. 당장 답답한 마음이 든다고 해서, 내가 더 잘할 수 있다고 해서 하위조직의 일을 넘보지 마라. 리더답게, 당신은 더 큰 물에서 놀아라.

27

급할수록 직접 하지 말고 가르쳐라

어떤 기업을 컨설팅할 때의 일이다. 일정을 의논할 일이 있어 관리팀장 자리에 갔는데 관리팀장이 직접 일하고 있는 모습이 눈에 띄었다. 수고한다고 하면서 "팀장님이 직접 해야 할 정도로 중요한 일이 있나 보죠?"라고 인사를 건네니, 그가 지친 얼굴로 머쓱하게 웃었다. 컴퓨터 화면에는 기초적인 데이터 입력 창이 떠 있었다. 팀원들이 할 법한 작업을 몇 시간째 하고 있었던 것이다. 답답한 마음에 넌지시 물었다.

"데이터 입력 정도는 팀원들에게 맡기시고 팀장님은 그 자료를 분석해서 대책을 수립하는 게 더 좋지 않겠습니까?"

그러자 관리팀장은 한숨을 쉬며 쓴웃음을 지었다.

"맞습니다. 당연히 그래야 하는데…, 그럴 형편이 안 되니 이런 것까지 제가 하고 있네요."

"그럴수록 팀원들을 가르쳐야 하지 않겠습니까?"

"처음에는 팀원에게 시켜봤는데, 너무 느리고 그나마 데이터가 맞지도 않아서 항상 제가 다시 수정해야 했어요. 몇 번 그러다 보니 이제는 그냥 제가 하는 게 편해서요. 아랫사람이 한 걸 제가 또 수정하니까 시간만 잡아먹고, 팀원은 팀원대로 민망하고…. 그래서 지금은 그냥 처음부터 제가 합니다."

이 팀장의 심정에 공감하는 분들이 적지 않을 것이다. 리더로서 제 역할을 하기에도 시간이 태부족인데, 구성원의 일까지 떠맡아서 해야 한다는 자괴감에 빠져 있지는 않은가? 많은 조직의 리더들이 이구동성으로 하는 말이 있다. 구성원들의 역량을 높여주기는 해야 하는데, 정작 자기 일이 바빠서 구성원들을 옆에 앉혀두고 '가르칠 시간이 없다'는 것이다. 대기업은 그나마 사정이 조금 나아서 입문교육을 하여 조직적응을 돕고 있지만, 대부분의 중소기업에서는 여건상 교육만을 위해 따로 시간과 인력을 빼내기 어렵다. '현장에서 배우는 게 가장 빠르고 정확하다'는 논리로 준비되지 않은 신참을 바로 현업에 투입할 뿐이다. 그 과정에서 리더들은 일도 해야 하고 구성원 훈련도 시켜야 하고… 성과가 급하니 '에잇, 내가 하고 말지'라는 생각이 드는 것이다.

물론 1인다역을 감당하는 처지가 이해는 된다. 적극적인 권한위임은 구성원의 실행역량이 뒷받침되어야 가능하기에, 그러지 못한 상황에서 팀장이 내릴 수 있는 결론이 별달리 없다는 것을 납득 못하는 것은 아니다. 하지만 마냥 수긍하기 전에, 그 상황을 계속 방치했을 때 벌어질 사태에 대해 진지하게 고민해봤는지 묻고 싶다.

잠시만 생각해봐도, 일단 리더 한 사람에게 일이 몰리면 병목현상이 생긴다. 조직의 시각에서 보면 누구 한 사람이 일을 많이 가지고 있는 것은 결코 바람직하지 않다. 일이 밀려서 제때 제대로 처리되지 않으면 결국 성과도 낮아지기 때문이다. 그러니 자기 혼자 일을 끌어안고 연장근무를 밥 먹듯 하면서 '회사가 나를 인정해주겠지'라고 생각한다면, 그건 굉장한 착각이다.

더욱이 1인다역은 일종의 편법이다. 아무리 좋게 해석한다 해도, 구성원의 역량이 무르익는 동안만 잠시 쓸 수 있는 임시방편이라는 뜻이다. 그런데 구성원 역량개발을 하지 않으면 과연 언제 이 편법에서 벗어날 수 있겠는가? 한 해, 두 해는 임시방편으로 유지될 수도 있겠지만, 과연 그렇게 경영해서 5년, 10년 뒤에도 지속적인 성과를 창출할 수 있을까? 리더가 시키는 대로만 하는 구성원들이 리더의 경영 파트너가 될 수 있을 것이라 생각하는가? 천만의 말씀이다.

구성원들이 일하는 방식이 성에 차지 않는다고 해서 리더가 성급한 마음에 모든 것을 챙기고 실행하고 있다면, 성과를 얻기 위한 리더의 역할을 제대로 하지 못하고 있는 것임을 알아야 한다. 따라서 리더는 그러한 구조를 어떻게 해서든지 해결할 수 있는 돌파구를 찾아야 한다. 리더는 선수들처럼 직접 뛰기보다는 프로구단의 감독이나 코치처럼 자신이 책임지는 조직의 성과목표는 제시하되, 이를 달성하기 위한 전략을 수립하는 일은 구성원들이 먼저 하게 하고 코칭을 통해 올바른 방향을 공감하게 하는 게 필요하다. 리더는 무엇보다 구성원들이 자신의 성과를 제대로 달성할 수 있도록 지속적으로 성과코칭하고 동기부여하는 역할을 해야 한다.

최근에 많은 기업들이 중장기 경영전략과 사업계획을 가다듬고 전열을 정비해 새로운 도약을 하기 위해 박차를 가하고 있다. 이 과정에서 가장 강조되고 있는 것이 바로 리더의 역할이다.

나는 기업을 방문할 때마다 CEO나 임원들에게 '팀장의 역할'에 대해 역설한다. 팀장이 조직의 리더로서 구성원들에게 성과기준을 제시하고, 동시에 구성원들로 하여금 자신의 성과목표를 명확히 인지하고 한정된 자원을 효율적으로 운영하도록 만드는 코치의 역할에 초점을 맞춰야 한다고 말이다.

하지만 대부분의 현업 팀장들을 보면 역량이 부족한 구성원들을 이끌고 턱없이 높은 성과를 달성해야 하는 절체절명의 상황에 놓여 있다. 그러다 보니 급한 마음에 구성원이 하는 모든 일에 일일이 간섭하고 통제하고 대신 하려 드는 경우가 많다. 임원들도 예외는 아니다. 때로는 조직에 오래 남기 위해서, 때로는 높은 연봉을 받기 위해 단기성과창출에 조바심을 내는 것이다. 심지어 팀장 자신의 방식이 100점짜리인 것으로 착각하여 간섭을 일삼는 경우도 있다.

이런 리더들도 겉으로는 구성원을 코칭하고 가르친다고 할 것이다. 그러나 구성원의 역량부족을 탓하면서 뚜렷한 대책을 내놓지 못한다면 그것은 코칭이라 할 수 없다. 운동선수의 역량이 부족하다고 해서 감독이나 코치가 선수를 제쳐두고 그라운드에서 뛰는 것을 본 적이 있는가?

물론 출전선수 명단을 작성할 때는 역량이 뛰어난 선수를 선발하는 것이 당연하지만, 모든 선수가 내내 뛰어난 역량을 발휘하지는 못한다. 따라서 선수들의 역량이 다소 부족하더라도 감독이나 코치는 그들이 그라운드에서 전술을 행동으로 옮길 수 있도록 지도하고 코칭하는 데 충실해야지, 다급한 마음에 감독이나 코치 자신이 유니폼을 입고 그라운드로 뛰어들어서는 안 된다.

리더의 역할은 구성원들이 그라운드에서 최대한 역량을 발휘해 뛸 수 있도록 실행권한을 위임하고 그들의 창의적인 행동을 이끌어내는 것이다. 예컨대 단기성과를 책임지는 팀장들이라면 전략실행을 위한 타깃은 제대로 선정되어 있는지, 또는 누락된 부분은 없는지를 팀원들과 지속적으로 논의하고 확인하는 작업을 해야 한다.

이 역할이 말처럼 쉽지는 않지만, 방법이 전혀 없는 것은 아니다. 실제로 내가 현업의 리더로 있을 때, 역량이 한참 부족한 구성원에게 적용했던 방법이다. 가령 구성원의 역량이 부족해 리더 본인이 직접 하는 편이 낫겠다고 생각된다면, 본인과 구성원이 그 과제를 각자 동시에 수행해보는 것이다. 구성원의 역량강화 목적을 감안한다면, 과제는 무난한 것보다는 도전적인 편이 좋다. 각자 과제를 수행한 후, 그 결과물을 비교해 설명해주는 것이다.

물론 처음에는 중복되는 일이라 시간낭비로 느껴질 수도

있다. 하지만 구성원은 본인이 직접 실행해보면서 부딪혔던 점, 어려웠던 점을 떠올리며 설명을 듣는 만큼 학습효과 면에서 말로 들을 때와 비교할 수가 없다. 자신의 보고서와 팀장의 보고서를 나란히 놓고 무엇이 부족한지 코칭을 받으면, 구성원들은 예상보다 쉽게 지적사항을 받아들이고 변화하려는 노력을 보여준다. 구성원 육성이라는 장기적인 측면에서 바라본다면 리더가 공을 들인 시간은 결코 헛되지 않을 것이다. 실제로 내가 이 과정을 몇 번 거치고 나자, 어느새 그 구성원은 내가 원하는 결과물을 탁월한 솜씨로 가져오는 하이퍼포머가 되어가고 있었다.

성과를 내겠다는 의지가 서로에게 있는 한, 구성원은 리더가 하기 나름이다. 앞의 예시처럼 효과적인 코칭방안을 다각도로 고민해 구성원의 역량을 향상시키자. 바쁠수록 돌아가라고 했던가, 바쁜 리더일수록 구성원을 육성하는 데 더욱 힘써라. 그럼으로써 구성원도 키우고 성과도 달성하는 양수겸장의 지혜를 발휘해야 한다.

28

'인정'을 해주어야 적극적인 델리게이션이 가능하다

무엇인가 의미 있는 성과를 내기 위해서는 '몰입'이 필수적인 요소다. 수박 겉핥기 수준의 관심과 열정으로는 딱 그 수준의 결과물밖에 만들지 못한다. 그렇다면 물어보자. 리더인 당신은 어떨 때 일에 몰입하고 헌신하는가? 그리고 구성원들이 성과를 달성하기 위해 자신의 업무에 미치도록 몰입하게 되는 때는 언제이고, 또 어떤 이유에서일 것이라 생각하는가?

바로 리더가 구성원들이 하는 일에 관심을 가져주고, 나아가 잘할 수 있다고 격려해줄 때다. 즉 구성원이 자신에게 부여된 성과목표의 전략실행방법과 실행순서를 주도적으로 수립하고 선택할 수 있을 정도의 자율성을 보장해줄 때 몰입을 경험하기 시작한다는 것이다. 물론 이때 통찰력과 직관력을 갖춘 리더가 구성원의 성과목표를 객관화하고 타깃이 잘 설정된 달성전략을 코칭해줘야 하는 것은 당연하다. 리더의 이러한 성과코칭은 구성원들을 '긍정적으로 미치게' 만드는 핵심 포인트다.

과연 구성원들을 제대로 미치게 할 방법은 무엇일까? 리더라면 이 물음에 대답할 수 있어야 한다. 구성원으로 하여금 자신의 일에 미치게 만드는 핵심전제조건은 2가지다.

첫째, 리더가 '진정성'을 가지고 구성원들의 역량개발과 성과목표달성에 대해 코칭해야 한다. '구성원은 나의 파트너'라는 생각을 마음에 새기고, 파트너로서 부족한 역량을 채우기 위해 어떻게 코칭해줄지 고민하며, 객관적 사실과 근거를 확보해 이야기해야 한다. 리더 자신의 목표를 구성원에게 단순히 떠넘기거나 일순간 욱하는 심정으로 '이것도 모르냐'는 식으로 대해서는 안 된다.

실제로 열심히 했지만 원하는 성과가 나오지 않을 때는 리더가 혼내지 않더라도 구성원 스스로 반성하게 돼 있다. '난 이 정도밖에 안 되는구나!'라는 자괴감으로 잔뜩 위축돼 있는데 리더의 질책까지 떨어진다면, 구성원은 막다른 골목에 몰리는 셈이 된다. 최악의 경우 항변을 하거나 제풀에 지쳐 떨어져나갈 수도 있다. 이럴 때 리더로서 가장 필요한 것은 바로 진심 어린 격려와 코칭이다.

둘째, 성실한 자세와 성과창출에 기여한 부분에 대해 평상시에 칭찬과 격려로써 '인정'해준다면 구성원들은 미치도록 일할 맛이 날 것이다. 목표를 달성하지 못했을 때 '격려'라는 단어를 떠올리기는 참 힘들다. 나도 경험해봐서 잘 안다. 하지만 달성하지 못한 것은 현재의 모습이고, 다시 한번 목표달성을 원한다면 현재 상황은 빨리 잊고 성과창출을 위해 전진해야 마땅하다. 갈 길이 바쁜데 현재의 안 좋은 결과만을 가지고 화를 내고 구성원을 압박한다면 어리석은 짓이다.

잘 생각해보자. 목표달성을 못한 원인이 어디 있다고 보는가? 구성원들이 실행하기 전에 실행전략에 대한 코칭과 공감대는 제대로 이루어졌는지, 그리고 코칭한 내용에 대한 실행행위를 구성원에게 철저히 델리게이션 했는지를 생각해보라. 과연 리더인 나에게는 아무런 부족함이 없었는가? 만약 리더인 내가 실행하는 과정에 이것저것 간섭했다면, 구성원들은 분명 '아, 나를 믿지 못하는구나', '나를 인정하지 않는구나', '또 잔소리가 시작됐군' 하고 생각했을 것이다.

리더와 구성원이 머리를 맞대고 실행전략을 코칭하고 공감대를 형성하는 과정은 대충 생략해도 그만인 형식적인 절차가 결코 아니다. 그 과정을 꼼꼼하게 밟는 것 자체가 구성원들에게 '아, 내가 리더로부터 인정받고 있구나'라는 인식을 심어주는 동기부여의 장場임을 잊어서는 안 된다.

일하기 좋은 직장, 신바람 나게 일하는 팀을 만들면 성과는 저절로 올라간다. 리더가 성과의 문을 열려면 인정, 칭찬, 델리게이션과 같은 열쇠를 적시에 잘 활용해야 한다. 이제 구성원을 보거든 눈에 불을 켜고 장점을 찾아서 인정하고 자부심을 키워주자. 그렇게 서로 간의 신뢰를 쌓자. 구성원들은 일과 조직에 몰입해 당신이 기대하는 성과의 몇 배를 선물로 돌려줄 것이다.

다섯 번째 원칙

'일의 노예'가 아니라 '업의 주인'으로 키워라

주체적인 소명의식 자극

29

실적에
울고 웃는 리더가
소명의식을 죽인다

무슨 일을 하든, 우리가 '일'이라는 것을 하는 데는 이유가 있어야 한다. 그저 '목구멍이 포도청'이라 어쩔 수 없이 출근한다면, 본인은 물론 조직에도 발전을 기대할 수 없다. 조금 거창하게 말하면 '소명의식'이 있어야 한다. 이는 자기 분야에서 일가一家를 이루는 이들의 가장 중요한 성장 원동력이다. 반면 퇴근시간만 기다리며 시간 때우기에 급급한 이들에게 소명의식을 기대하기는 어렵다.

어떤 리더들은 구성원들에게 더 열심히, 더 훌륭하게, 더 자율적으로 책임감 있게 일하라고 말한다. 회의 형식을 바꿔 보고, 때로는 매섭게 질책하는 등 일을 시키는 다양한 방법을 동원하기도 한다. 하지만 좀처럼 원하는 성과를 달성하지 못한다. 도대체 무엇이 문제일까? 구성원들이 소명의식을 갖고 일하도록 이끌지 못한 데 가장 큰 이유가 있다.

구성원들의 소명의식은 잠재된 역량을 10배, 100배의 결과물로 폭발시키는 성과창출의 가장 강력한 뇌관이다. 그것을 알기에 많은 리더들이 소명의식을 강조하고 있다. 그러나 문제는, 소명의식이란 남이 강제로 주입하려 하면 오히려 그 싹이 말라버린다는 데 있다. 조급증을 버리고 구성원 스스로 불타오를 수 있도록 격려해야 하는데, 이것을 못하는 리더들이 의외로 많다.

대부분의 조직을 보면 리더가 구성원들과 함께 성과를 '경영'하기보다는 단기적인 실적을 '관리'하는 데 초점을 맞추곤 한다. 오늘, 이번 주, 이번 달에 채워야 할 '숫자'에만 신경을 쏟으며 구성원들에게 강제로 '지시'하고 '통제'하며 '감시'한다. 그 과정에서 구성원의 참신한 아이디어를 받아들이고 실행권한을 위임하고 실행과정을 격려하고 역량을 코칭하는 모습을 기대하기란 어렵다. 마치 오늘 배고프다고 내년 봄에 파종할 볍씨까지 다 먹어버리는 형국이다.

물론 지시하고 통제하지 말라고 해서 구성원들을 마냥 방임해 풀어주라는 뜻은 아니다. 지시와 통제, 감시가 필요한 구성원들도 분명히 있다. 다만 구성원들로 하여금 '시키니까 한다', '안 하면 욕먹으니까 한다' 같은 수동적인 마인드는 갖지 않게 하라는 것이다. 한 조직의 리더인 만큼 당신에게는 구성원들이 넘볼 수 없는 관찰력, 통찰력, 직관력과 성과창출 역량이 있을 것이다. 그 소중한 역량이 구성원들의 존경을 불러일으킬지, 아니면 안하무인의 독단으로 매도될지는 당신이 하기 나름이다. 지시와 통제로만 일관하는 리더는 결과적으로 구성원들을 일에 대한 열정이라곤 없이 그저 먹고살기 위해 출근하는 월급쟁이로 만들어버린다.

리더가 구성원에게 해줄 수 있는 가장 큰 것이 무엇이라 생각하는가? 바로 구성원들로 하여금 먹고사는 문제를 뛰어넘어 '자기 일'의 전문가로서 자아실현을 할 수 있게끔 도와주는 것이다. 그리고 이를 뛰어넘어 구성원들의 마음속에 '지금 하는 내 일이 나는 물론 우리 조직에 기여하고 고객의 가치를 창출한다'는 소명의식을 갖도록 해주는 것이다.

무엇보다 리더는 구성원들이 자발적으로 아이디어를 내고자 마음먹게끔 만들어야 한다. 지금 당장은 조금 힘들더라도 미래를 위해 지금 하는 일에 대해 가치를 느끼게 해주어야 한다. 그럼으로써 구성원들은 수동적인 월급쟁이인 '충전식 건전지'에서 스스로 움직이는 사내 기업가인 '자가발전기'로 변모할 수 있다.

물론, 이 모든 것은 리더와 구성원 간에 '신뢰'가 형성되어 있다는 것을 전제로 하는 말이다. 그 믿음은 어떻게 쌓이는가? 바로 리더가 가지고 있는 소명의식에서 나온다. 지금 이 책을 마주하고 있는 당신은 일에 대한 소명의식을 얼마나 철저하게 가지고 있는가? 높은 자리에 있다고 대충 시간만 때우고 퇴근하거나 몸만 왔다 갔다 하지 않는가? 그런 리더와 함께 일하는 구성원들은 절대로 소명의식을 배울 수도, 깨달을 수도 없다.

리더는 구성원의 거울이다. 그러므로 리더는 자신의 행동과 생각에 매우 신중해야 하며, 타의 모범이 되어야 한다. 구성원들이 소명의식을 가지고 미래를 준비하기를 원한다면, 리더 자신부터 솔선수범해 바꿔나가는 것이 올바른 순서일 것이다. 구성원들로부터 이런 말을 들을 수 있도록 말이다.

"우리 본부장님은 당신 일에 정말 헌신적이야."

"우리 팀장님은 마치 자기사업을 하는 분 같습니다. 월급쟁이 마인드는 전혀 찾아볼 수 없어요."

리더와 구성원 모두 자신이 일하는 분야에서 자타가 공인하는 전문가로서 성장하고, 미래 비전을 달성하기 위해 중장기적 관점을 가지고 노력하겠다는 소명의식으로 연결될 때, 비로소 원하는 성과를 얻을 수 있다.

30

고객가치에서 출발해 '미션'을 재정립하라

눈에 보이는 성과를 많이 올려서 회사에 기여하는 것, 리더 입장에서 당연히 중요하다. 하지만 그것만으로 리더로서의 사명을 다했다고 할 수 있을까? 오늘의 단기성과만으로는 5년, 10년 후를 보장받을 수 없다.

리더는 눈앞의 상황에 급급해 일을 처리하지 말고, 더 멀리 보고 더 깊게 생각하는 시야를 갖춰야 한다. 그리고 그 시야를 구성원에게 전수해야 한다. 그래야 고객의 눈높이를 뛰어넘어 새로운 가치를 제시하고 조직과 사회에 기여할 수 있다. 이처럼 지속적인 성과를 창출한다는 것은 '고객가치'를 새롭게 만들어나간다는 뜻이기도 하다.

앞서 말한 바와 같이, '실적'은 노력한 결과, 업무수행의 결과만 나타낸다. 어떤 목적과 전략으로 그 결과를 만들어냈는지는 고려 대상이 아니다. 그래서 실적이 좋지 않으면 '남 탓'을 한다. 자신이 잘못해서가 아니라 외부환경이 도와주지 않았다면서 위기를 모면하려 든다. 이것이 실적을 대하는 사람들의 자세다. 처음부터 일하는 목적의식과 전략적 사고가 제대로 갖춰지지 않았으니 책임감도 부족한 것이다.

하지만 '성과'는 일을 통해 수요자(고객)가 기대하는 가치기준을 나타내기 때문에 핑계가 들어설 여지가 없다. '가치'라는 본질적인 영역을 다루고 있기 때문이다. 따라서 성과가 좋지 않으면 외부환경을 탓하는 대신 자신의 내면을 들여다보게 된다. '고객에게 우리가 제시한 본질적인 가치가 어떻게 잘못되었는가?', '그 가치를 전달하는 전략에는 어떤 문제가 있었는가?' 하고 반성을 한다. 그리고 성찰한 바를 새로운 고객가치를 창출하는 밑거름으로 삼는다. 따라서 성과를 창출하는 리더가 되려면, 자신이나 구성원들이 이 일을 통해 고객에게 제공하고자 하는 가치가 무엇인지부터 명확하게 인지하고 있어야 한다. 그것이 흔히 말하는 '업의 본질'이다. 궁극적으로 성과는 여기에서부터 시작된다.

리더가 원하는 성과를 창출하기 위해서는 과연 자신이 하고 있는 일의 업의 본질은 무엇인지부터 진지하게 고민해봐야 할 것이다. 그리고 구성원들이 자기 일의 본질을 깨닫고 업무를 수행할 수 있도록 이끌어주어야 한다. 그저 형식적으로 '일을 위한 일'을 처리하는 사람과, 자신의 업무를 통해 내·외부 고객들을 감동시킬 수 있는 가치가 무엇인지를 고민하는 사람의 성과는 하늘과 땅 차이이다. 고객의 눈은 매와 같다. 아무리 예의 바른 말투를 써도 진심을 다해 고객을 섬기지 않으면 그 마음을 귀신같이 알아차리고 순식간에 등을 돌려버린다.

그렇다면 이렇게 중요한 업의 본질을 모든 구성원들과 공유하기 위해 리더는 어떻게 해야 할까?

첫째, 구성원에게 일을 통해 구현하고자 하는 미션mission을 재정립하게 해보자. 미션을 다른 말로 표현하면 '존재 이유'다. 내가 과연 이 일을 통해 우리 팀과 우리 회사, 우리 고객, 나아가 세상에 기여하고자 하는 것이 무엇인지를 밝히는 것이다. 미션에 대해 거듭 숙고하노라면 자신이 헌신적으로 일해야 하는 이유를 자각하는 순간이 찾아온다. 구성원들의 1차 고객은 항상 팀장이나 상위리더다. 구성원 입장에서 미션이란 일을 통해 팀에 기여하고자 하는 가치다.

둘째, 리더 자신은 물론이거니와 구성원들이 항상 고객의 관점에서 바라보고 사람들의 아이디어를 수용하는 연습을 하도록 독려해야 한다. 업의 본질을 꿰뚫기 위해 가장 중요한 것이 관점의 전환이다. 성과를 내기 위한 커뮤니케이션의 주체는 내가 아니라 제품과 서비스를 사용하는 '고객'이다. 따라서 리더들은 자신이 아닌 팀원이나 고객의 관점에서 상황과 전략을 살펴보고, 성과를 창출하기 위해 어떤 메시지를 전달할지 심사숙고해야 한다. 아울러 팀원의 의견이 나와 다를지라도 주의 깊게 듣고 존중하며 받아들이는 연습을 해야 한다. 그럼으로써 나를 넘어, 회사를 넘어, 고객들이 보고 있는 세상을 인지할 수 있게 된다. 이로써 업의 본질을 꿰뚫어보는 눈을 갖게 되는 것이다.

셋째, 구성원들에게 이야기할 메시지에 최대한 '감성'을 담는다. 아무리 좋은 제품을 만들고 아무리 좋은 말을 한다 해도, 고객이나 구성원들이 눈길을 주지 않으면 그 메시지는 생명력을 가질 수 없다. 업의 본질과 새로운 고객가치를 담은 아이디어를 떠올렸다 해도, 구성원들의 눈높이에 맞지 않으면 그들의 신명을 끌어낼 수 있겠는가? 아니다.

전하고자 하는 메시지에 고객과 구성원들이 귀 기울이게

하려면 '감성'을 담아야 한다. 감성은 한 번 만족한 고객들을 재차 감동시키기 위해 구성원들이 자발적으로 분발할 수 있게 만들어준다. 많은 리더들이 감성을 표현하는 데 서툰데, 그럴수록 더욱 노력해야 한다. TV를 보다가, 유튜브를 시청하다가, 책을 읽다가 멋진 대사나 글귀를 접하면 노트에 기록하고 자기 언어로 만드는 연습을 게을리하지 말자.

인간은 생각하는 동물이기 때문에 '이유'를 모르면 불안해하고, 의심하고, 머뭇거린다. 왜 이 일을 해야 하는지, 이 일이 어떤 가치를 가지는지 알지 못하면 수영장 물에 엉거주춤 발가락만 담근 것처럼 일에 확 뛰어들지 못하고, 즐기지도 못한다. 발가락만 적신 사람이 수영을 배울 수 있을까? 마찬가지로, 일에 확 뛰어들지 못하는 사람이 성과를 낼 수 있을까?

이 일을 해야 하는 이유, 이 일이 가진 가치에 대해 가장 많이 고민해야 하는 사람은 다름 아닌 리더 당신이다. 단순히 업무실적만 강요할 것이 아니라, 이 일을 통해 궁극적으로 조직이나 고객에게 기여하고자 하는 바가 무엇인지에 대해 끊임없이 구성원들과 자문하고 토론하라. 그럼으로써 어떤 상황에서도 흔들리지 않는 굳건한 생각의 기반을 다져나가라.

31

성과목표를 통해 소명의식을 자극하라

일을 대하고 일을 생각하는 관점만 바꿔도 하루를 다르게 살 수 있고, 나아가 일생을 다르게 살 수 있다.

"당신은 왜 일합니까?"

이 물음에 쭈뼛쭈뼛 얼버무리는 사람과 주저 없이 대답하는 사람의 하루는 다를 것이다. 나아가 '먹고 살려고'라고 대답하는 사람과 '세상에 새로운 가치를 주기 위해'라고 답하는 사람의 일생이 다를 것은 눈에 보이듯 명확하다.

물론 노동을 통해 경제적 대가를 얻는 것은 매우 중요한 일이다. 그러나 우리 모두 알고 있듯이, 이것이 전부는 아니잖은가. 내가 지금 하는 일의 의미가 무엇이고 어떤 가치를 창출할 것인가에 대한 관점을 스스로 정의하지 못한 상태에서 다른 사람에 의해 규정되는 삶을 살아가는 구성원들은, 주인으로서 사는 것이 아니라 남의 의지에 끌려다니며 살아갈 수밖에 없다.

따라서 CEO부터 신입사원까지, 우리는 모두 일을 대하는 마음가짐에 대해 좀 더 깊이 생각해보아야 한다. 우리 주변의 보통사람들은 대개 앞에서 말한 '노동의 관점'에서 일하고 있지만, 본인의 미래 비전을 달성하고 자아실현을 위해 일한다는 사람들도 드물게나마 분명히 있다. 이들은 경제적인 생계수단으로서의 일은 기본이요, 자신이 실현하고자 하는 그 무언가를 위해 높은 수준의 욕구를 가지고 도전하는 사람들이다. 무릇 리더라면 구성원들이 이와 같이 자아실현의 관점에서 일하겠다는 마음가짐과 실행력을 발휘할 수 있도록 다각도로 노력을 기울여야 할 것이다.

특히 이들 중에서도 상위 1%에 해당하는 극소수의 사람들은 일을 통해 내가 속한 조직, 나아가 사회와 세상에 무엇인가 이바지하겠다는 미션에 충실하게 일한다. 이들은 노동의 관점, 그리고 자아실현의 관점을 뛰어넘어 한 차원 더 높은 단계에서 세상을 바라보고, 일을 바라본다. 남다른 시야와 열정으로 일을 하니 성과가 남다른 것은 당연한 귀결. 그야말로 성과창출 프로세스를 몸에 장착하고 있다고 할 수 있다.

이처럼 무언가 기여하겠다는 마음, 새로운 가치를 주겠다는 마음으로 일하는 것은 매우 어렵지만 중요하며, 또 성과를 제대로 내기 위해서라도 꼭 필요하다. 구성원들이 이 사실을 깨닫게끔 하는 것은 다른 누구도 아닌 리더의 몫이다. 이 어려운 임무를 어떻게 수행하느냐고? 물론 방법은 있다. 우리가 지금까지 줄기차게 논의해왔던 것, 즉 '성과목표'를 통해서다.

> 성과목표가 왜 중요한지 공유하는 것은 일을 통해 구성원에게 소명의식을 심어주는 핵심적인 절차다. 왜 이 일을 해야 하는지에 대한 배경을 설명하고, 제대로 수행하지 못했을 경우 발생할 수 있는 심각한 상황도 알려주고, 이 일을 통해 구성원이 어떻게 성장할 것인지 상상하게끔 자극하는 것. 이것이 곧 소명의식을 일깨우는 과정이다. 특히 단기적이고 일회적인 성과가 아닌 지속적인 성과를 달성하는 데는, 단언하건대 이것보다 중요한 리더의 역할은 없다.

일본을 넘어 세계적으로 존경받는 이나모리 가즈오는 소명의식을 중시한 대표적인 경영자다. 그가 교세라를 창업한 이후 한결같이 지켜온 신조는 이것이다.

"리더란 구성원이 단순히 '일한다'고 생각하는 것이 아니라, 일을 통해 진정한 자신을 발견하고, 인격수양을 위한 내공을 쌓는다고 생각하게 해야 한다. 그래야 리더의 자격이 생긴다."

구성원들이 이런 생각을 할 정도가 되면 어떤 환경에서 어떤 장애요인을 만나더라도 지혜롭게 헤쳐나갈 수 있다는 것이다. 그가 교세라를 세계적인 기업으로 만들 수 있었던 것도 일 자체를 즐겼고, 일을 통해 본인의 내면을 다스리고 고객에게 새로운 가치를 제공한다는 숭고한 정신을 잊지 않았기 때문이다.

지금 이 순간에도 수많은 이들이 '내가 좋아하지도 않는 일'을 하고 있다며 스스로를 비하하고 불만스러워하고 있을 것이다. 하지만 주어진 일에 불평불만을 일삼고 원망만 한다면 그 일을 마주하는 것 자체가 짜증스러울 뿐 아니라, 그 일을 해야 하는 자신이 초라하게 여겨질 뿐이다. 이처럼 '어쩔 수 없어서' 일하는 분위기를 타개하고, 구성원들이 진정한 자신을 찾아 일에 매진하도록 하기 위해 리더라면 다음 사항에 유념하여 실천해야만 한다.

첫째, 구성원들이 일에 집중할 수 있는 환경을 마련해야 한다. 한정된 자원으로 한 번에 한 가지에만 몰두하도록 여건을 조성하자. 이때 중요한 요건이 '시간'이다. 흔히 중요한 과제를 맡길 때는 시간을 충분히 주어 배려하기도 하는데, 너무 '충분한 시간'은 사람을 느슨하게 만들어 최소한의 긴장감마저 없앨 위험이 있다. 따라서 일을 줄 때 한정된 자원, 특히 한정된 시간에 마무리하게끔 하되, 가급적 그 일에만 집중하도록 만들어주는 것이 좋다.

시간을 줄 때는 2가지를 반드시 명심해야 한다. 첫째, '완료시간'과 '소요시간'이다. 일하는 데 있어서 완료시간인 납기도 중요하지만 목표를 달성하는 데 예상되는 소요시간, 할당 가능한 목표시간이 매우 중요하다. 주 52시간 근무시대가 본격화되면서 시간은 가장 중요한 자원으로 부상하고 있다. 하루 8시간, 1주일에 최대 52시간밖에 사용할 수 없는 것이 시간이라면, 이제 목표예산을 할당하듯이 목표시간을 할당하는 전략이 필요하다.

둘째, 자신만의 '스토리'를 가질 수 있도록 독려해야 한다. 소명의식은 다른 사람의 기대도 강요도 아니다. 오로지 자신이 어떻게 살고, 어떤 성과를 낼 것인지에 대한 의지이자 자신의 정체성이다. 의지로서의 소명의식이 성과로 하나하나

실현될 때, 그 사람의 정체성은 다양한 스토리를 갖게 된다. 따라서 리더는 구성원들이 소명을 실현한 스토리를 다양하게 쌓아갈 수 있도록 격려를 아끼지 말아야 한다.

'성과를 창출하기 위해 구성원의 인생과 일에 대한 가치까지 생각해야 하는가?' 지금까지의 여정을 충실하게 밟아온 분들이라면 위와 같은 의구심은 갖지 않으리라 믿는다. 장기적인 성과를 설계하는 자로서, 리더는 구성원들의 인생과 일에 대한 가치를 한 차원 높은 단계에서 설정할 수 있도록 끊임없이 노력해야 한다. 왜냐하면 구성원들은 리더 자신의 성과를 만들어주는 고마운 고객이자, 어떻게 보면 가장 많은 시간을 함께하게 될 동반자이기 때문이다. 그러니 일에 끌려다니며 사는 '일의 노예'보다는, 기왕이면 즐겁게 일하고, 일 속에서 삶의 가치와 행복을 느끼도록 구성원들을 '업의 주인'으로 만들어야 한다.

그러기 위해서는 리더 스스로 일을 즐겨야 한다. 일이 힘들면 험한 바위산을 수직으로 오르는 모습을 떠올리며 '산이 험

준하기 때문에 오히려 오르는 재미가 있고, 가파를수록 정상에 가깝다'는 긍정적인 생각을 하자. 당신의 생각은 같이 일하는 구성원들에게도 전파돼 놀라운 속도로 시너지를 발휘할 수 있다.

한 가지 일에 수십 년간 매진해온 장인匠人 앞에서 절로 고개가 숙여지는 이유는 무엇일까? 그것은 무수한 고난을 이겨내며 자기 일에 최선을 다했고, 오랜 시간 일을 통해 마음을 갈고닦았기 때문이 아닐까? 그 속에 스며 있는 땀의 의미를 깨닫기 위해 그들은 묵묵히 자신의 일을 해왔을 것이다.

한 가지 일을 묵묵히 해온 사람들은 우리가 알지 못하는, 그리고 그들이 아니면 감히 느낄 수 없는 삶의 중요한 가치를 '일'에서 얻는다. 당신도 그 가치를 조금은 느꼈을 것이다. 자신의 일을 사랑하기에 미친 듯이 몰입하고, 미친 듯이 해서 좋은 성과를 낸 결과 지금의 자리에 있는 것 아닌가. 그리고 그 추진력으로 정상을 바라보며 정진하고 있는 것 아닌가. 이제 그 여정에 당신의 소중한 동반자들을 동참시키자. 그럼으로써 당신과 그들 모두 일의 주인이자 인생의 주인으로 거듭날 수 있도록 하자.

32

회사 자원을 소중히 하는 것에서부터 시작하라

많은 사람이 회사나 팀의 예산이나 정보와 같은 공용자원을 너무 쉽게 생각하고 사용한다. 만약 당신이 애써서 벌어온 돈을 가족들이 아무 생각 없이 흥청망청 써버린다면 기분이 어떻겠는가? 당신이 며칠 밤을 고생해 완성한 결과물을 동료가 가로챈다면 허탈함을 넘어 분노를 느낄 것이다.

개인적으로 당하는 소소한 이해득실에는 매우 민감하고 조금이라도 손해를 보면 기분 나빠 하면서, 자신이 몸담은 회사의 자원은 왜 그렇게 쉽게 생각하고 아무렇게나 사용하는지 안타까울 따름이다.

개인의 이익만을 위해 조직생활을 하는 사람이 있다면, 미안하지만 지금 바로 조직을 떠나주기 바란다. 섭섭한 말이라고 항변할 자격도 없다. 이런 사람들은 자신의 이익을 위해서라면 어떤 행동도 서슴지 않을 것이고, 이를 방조하는 것은 결국 조직 전체를 망치는 길이기 때문이다. 따라서 리더는 구성원들이 사적인 업무를 위해 조직의 자원을 마구 사용하는 행태를 결코 용납해서는 안 된다.

더욱 중요한 것은 예방이다. 리더는 무엇보다 성과목표를 세우고 전략을 실행하는 중간중간에 공과 사를 구분하는 이유를 잘 설명해야 한다. 도덕적 해이 또는 이기심이 가득한 문화는 리더와 구성원의 신뢰를 무너뜨리므로, 이를 미연에 방지하라는 것이다. 구성원으로서 하지 말아야 할 행동은 무엇이며, 잘못된 사적 행위가 회사나 조직에 어떤 피해를 줄 수 있는지에 대해 수시로 공감대를 형성해야 한다.

물론 그렇다고 해서 구성원들을 모아놓고 일장연설을 하거나 의심의 눈초리로 사사건건 감시하라는 뜻은 아니다. 오히려 그 반대로, 구성원 스스로 도덕적 해이를 경계하도록 동기부여하는 노력이 필요하다. 조직 전체의 성과에 기여하겠다는 마음이 확고해진다면, 사적 이익을 앞세우는 어리석은 마음은 자연스럽게 사라질 것이다.

내가 아닌 전체에 기여하겠다는 마음, 이는 곧 '미션'으로 이어진다. 미션을 정립한다고 해서 거창한 행사를 떠올릴 필요는 없다. 예컨대 연간목표를 설정하는 워크숍을 그런 자리로 만들면 어떤가? 성과목표를 바탕으로 미션과 비전을 업그레이드해보는 것이다. 이를 통해 회사가 추구하고자 하는 방향에 맞추어 개개인이 어떻게 기여할지에 대해 공유하고, 서로 신뢰를 쌓고 마음의 벽을 허물 수 있다. 또한 리더 입장에서 보면 팀의 발전이 개인의 발전과 연계돼 있음을 강조할 수 있고, 본인 또한 그렇게 노력하겠다는 의지를 표현할 수 있는 좋은 기회이기도 하다.

그렇다면 구성원으로 하여금 회사에 기여하려는 의지를 확실하게 불러일으키기 위해 리더는 어떻게 해야 할까? 다음과 같은 2가지 방법을 생각해볼 수 있다.

첫째, 당연히 리더가 먼저 회사에 어떻게 기여할 것인지, 리더의 미션과 비전을 작성해 실천하는 '본보기'를 보여야 한다. 아직도 생각보다 많은 리더들이 회사나 사업부 또는 팀에 자신이 어떻게 기여할 것인지 고민하지 않고 있다. 하지만 이제부터라도 늦지 않았다. 리더 스스로 비전과 미션을 수립해 보고 구성원들과 수시로 공유함으로써, 구성원들이 조직과 회사를 위해 땀 흘린 흔적을 남기겠다는 의지를 품도록 해야 한다.

둘째, 구성원들이 일과 생활에서 '절제'를 실천하게끔 해야 한다. 로또에 당첨된 이들이나 벤처나 스타트업 붐이 일어났을 때 갑작스럽게 큰돈을 벌어 성공에 만취해 있던 사람들이 지금 어떻게 사는가? 그들이 예전보다도 못한 삶을 사는 이유는 단 하나, 절제하지 못했기 때문이다. 물론 개인의 여건에 따라 절제의 정도는 달라지겠지만, 여하튼 언제 브레이크를 밟고 떼야 하는지 잘 살펴서 회사나 팀의 공익을 해치는 일이 없도록 해야 한다. '참을 인忍' 자 셋이면 부자도 되고 성공도 할 수 있다.

리더라면 구성원들이 회사의 공용자원을 함부로 낭비하지 않도록 세심한 노력을 기울여야 하며, 물론 스스로도 경계해야 한다. '회사에 내가 어떤 기여를 할 수 있을까? 이곳에서 무엇을 배울 수 있고, 어떻게 나의 비전을 달성하고 정체성을 확립할 수 있을까?' 이런 고민을 해본 적이 있는가? 구성원들과 함께 이런 성찰을 게을리하지 않을 때, 당신과 당신의 팀은 회사에 당당할 수 있을 것이다.

'일의 의미'를 아는 사람과 모르는 사람은 모든 면에서 천양지차다. 일의 의미와 목적은 곧 미션으로 연결되고, 미션이 명확하면 누가 시키지 않아도 스스로 일에 몰입한다. 그게 행복하기 때문이다. 하나를 보면 열을 안다고, 회사의 자원을 아껴 쓰느냐, 낭비하느냐 같은 문제에도 '일의 의미'가 영향을 미칠 수밖에 없다.

33

제1고객인 구성원들에게 최선을 다하라

리더로서 당신의 제1고객은 누구인가? 소비자? CEO? 주주? 물론 소비자는 기업의 생존을 좌지우지하는 중요한 고객임에 틀림없다. CEO도 그러하고, 주주도 마찬가지다. 하지만 리더에게 가장 중요한 1차 고객은 소비자도 주주도 CEO도 아닌, 바로 자신과 함께 동고동락하는 구성원들이다. 원하는 성과, 기대하는 성과를 얻고자 한다면 함께 일하는 구성원들을 진정성 있게 '고객'으로 생각하는 마음을 가져야 한다.

구성원을 고객으로 생각해야 하는 이유는 분명하다. 이제 '혼자' 힘으로는 더 이상 성과를 만들 수 없는 시대가 되었기 때문이다. 과거의 성과 패러다임은 '벤치마킹'이었다. 선두주자의 방식을 따라 그대로 행하면 원하는 결과를 얻어낼 수 있었다. 누가 더 빨리 결과물을 만들어내느냐가 중요했다. 그래서 동료들과 협업하여 결과물을 만들어내기보다는 그들보다 한발 빠르게 움직이는 데 골몰했다. 하지만 시대가 바뀌었다.

이제는 고객가치를 차별화하기 위해 더 독창적이고 고도화된 전략이 필요하다. 다양한 방법과 방식을 융합해 독특한 결과를 창출하는 것이 결과를 빨리 내는 것보다 훨씬 중요해졌다.

그렇기에 전략과 방법을 함께 논의할 동료가 필요한 것이다. 한 사람이 다양한 방법과 전략들을 모두 구사하거나 모든 지식과 기술을 익혀서 성과를 내기에는 시대의 변화속도가 너무나 빠르다. 시대가 원하는 지식과 스킬을 모두 섭렵한다는 것은 불가능하다. 그래서 오늘날 기업에서는 각기 다른 분야의 재능을 가진 인재를 다양한 방면에서 찾고 있다. 구성원들을 고객으로 보아야 한다는 것도 이 때문이다. 고객이 어떤 존재인가? 회사의 존립 여부를 좌지우지하는 존재가 아닌가? 구성원들은 그렇다면 어떤 존재인가? 바로 리더의 성과를 좌지우지할 수 있는 존재다. 그들이 실행을 책임지기에 리더인 나의 성과도 있다. 구성원들은 시장과 고객과 현장의 대변인이고, 리더의 성과물이 빛을 발할 수 있도록 도와주는 협력자이며 파트너다.

리더의 아이디어에 구성원들의 아이디어가 보태어져 애초

의 기대를 뛰어넘는 좋은 결과물이 나오기도 하며, 아예 생각도 하지 못했던 성과가 만들어지기도 한다. 그러니 이제 당신의 역량만 믿지 말고 구성원들의 다양한 역량을 모아 시너지 효과를 도모해야 한다.

일을 하다 보면 때로는 리더가 보지 못하거나 실행으로 옮기지 못하는 부분을 구성원들이 찾아내 보완해주기도 한다. 이렇게 구성원들과 협력해서 새로운 것을 창출하는 시스템이 조직적으로 잘 운영될 때 흔히 "팀워크가 좋다"고 말한다.

'팀워크' 개념은 스포츠 팀에 빗대어 생각하면 이해하기 쉬울 것이다. 축구경기에서 좋은 성적을 내는 팀은 스타플레이어 1명에게 의지하기보다는 팀워크를 잘 살리는 경우가 대부분이다. 골을 넣은 선수가 있으면 그 골을 연결해주는 어시스트 선수가 분명히 있다. 아무리 천재적인 드리블 감각을 갖췄다 해도 처음부터 끝까지 혼자 공을 몰고 가서 골을 넣을 수는 없다. 적절한 타이밍에 다른 선수의 도움을 받았기에 골문에 정확하게 차 넣을 수 있는 것이다. 골을 넣는 데 결정적인 도움을 얼마나 많이 주었는지가 '올해의 선수상'에 영향을 미치는 것을 보면, 축구에서 어시스트를 얼마나 높이 평가하는지 알 수 있다.

보통 스포츠 경기는 2~3시간 안에 승패가 결정되기에, 선수들의 팀워크가 더욱 중요하다. 경기가 시작되면 서로가 서로를 믿고 의지할 수밖에 없다. 그들에게는 상대팀을 누르고 승리한다는 공통된 목표가 있다. 그래서 최대한 경기에 집중해 탄탄한 팀워크로 무장해야 한다. 손발이 맞아야 골도 넣을 수 있지 않겠는가?

조직에서 팀 단위로 움직일 때도 마찬가지다. 스포츠 경기에서는 선수 1명만 퇴장당해도 타격이 크다. 그래서 선수들은 동료 선수 한 사람 한 사람의 소중함과 고마움을 너무나 잘 알고 있다. 그런데 안타깝게도 우리는 잘 모르는 것 같다.

가끔 보면 구성원들이나 후배들을 자기 수족 부리듯이 귀찮은 일은 모두 떠넘기는 이들이 있다. 이는 조직에서 수직적 위계질서만 중시한 나머지, 구성원들이나 후배는 '나 편한 대로 해도 된다'고 생각해 생긴 폐단이다. 하지만 함께 일하는 이들을 과소평가해도 되는 사람은 세상에 없다. 동료들과 함께 협력해 성과를 이뤄낼 생각을 해야지, 동료를 부려먹을 생각만 한다면, 도대체 성과가 제대로 만들어지겠는가? 이런 구성원이 눈에 띈다면 일벌백계의 자세로 구성원들의 경각심을 일깨워야 할 것이다.

'팀워크'란 거창한 것이 아니다. 옆의 동료와 같은 곳을 향해 서로 협력하고 의지해 목표를 달성하는 것, 그 과정에서 난관을 만나더라도 서로 힘이 되고 믿어주는 것, 그것이 바로 '팀워크'가 아니겠는가? 조직에서 팀워크가 제대로 발휘되려면 리더가 역할과 책임의 기준을 각자 기간별로 명확하게 부여해주어야 한다. 같은 팀이라고 해서 그냥 두루뭉술하게 같이 일하는 것이라고 막연하게 생각하면 누가 무엇을 해야 할지 몰라 자연스럽게 근속연수나 직위 중심으로 일하게 된다. 공동과제를 수행하더라도 반드시 리더는 과제의 성과목표를 설정하고 역할과 책임에 대한 기준을 각자 사전에 배분해 주어야 한다. 그래야 제대로 된 팀워크가 살아난다.

리더는 진정한 팀워크를 발휘하기 위해, 구성원들이 동료들과 선의의 경쟁을 펼치고 협업할 수 있는 토대를 만드는 데 앞장서야 한다. 옆의 동료가 나보다 먼저 승진하면 기분 나빠하지 않고 진심으로 축하해주는 것, 이 정도 분위기가 만들어졌다면 그 조직은 '최강 팀워크'로 어떤 일을 맞닥뜨린다 해도 당당하게 승리할 수 있을 것이다.

34

리더의 '인정'이
동기부여의
시작이다

리더는 구성원들이 자신의 역할과 책임에 몰입할 수 있도록 욕구 수준을 높여 '동기부여'를 촉진해야 한다. 구성원 스스로가 동기부여된 상태라면, 주어진 일이 아무리 어려워도 웃으며 신나게 할 수 있다. 조그만 성취감에도 흥이 나고 그래서 더 열정적으로 몰입하게 되며, 이것은 결국 자신과 리더의 성과로 직결된다. 그렇게 얻어진 성과는 또 다른 동기부여를 낳고, 이는 다시 구성원들이 열정적으로 몰입하게 되는 이유가 된다. 이처럼 이상적인 사이클을 그리는 방법은 무엇인가? 리더의 고민이 깊어질 수밖에 없다.

구성원들로 하여금 일에 몰입하겠다는 의지를 북돋으려면 우선 전제되어야 할 것이 있다. 다음의 2가지 측면에 대해 생각해보자.

첫째, 구성원들이 리더와 거리감을 느끼지 않도록, 즉 아웃

사이더가 아닌 리더의 이너그룹inner-group에 속해 있다고 느낄 수 있도록 관계를 잘 정립해야 한다. 어느 구성원이 당신을 슬슬 피해 다닌다? 이런 정황이 포착되면 그를 불러 질책하기 전에 리더 자신을 먼저 돌아보아야 할 것이다. 그런 구성원은 대개 자신이 팀에서 소외돼 있다고 생각하거나, 당신의 처사에 부당함을 느끼고 있을 가능성이 높다. 그런 이들이 많아질수록 조직 전체의 열의와 실행수준은 떨어지고, 성과 또한 요원해진다. 따라서 리더는 구성원들이 부정적인 감정 때문에 업무에 몰두하지 못하는지 살피고, 그들 스스로가 '리더의 관심을 받고 있다'고 느끼도록 언행에 각별히 신경 써야 한다.

둘째, 구성원들이 평소에 가지고 있는 욕구가 무엇인지 늘 탐색하고, 이를 어떤 시점에 어떤 방법으로 충족시킬지에 대해 생각해야 한다. 남녀노소를 막론하고, 사람을 움직이게 만드는 가장 기본적인 동력은 무엇을 하고 싶거나 갖고 싶다는 욕구, 그리고 무언가에 대한 호기심이다. 구성원들이 끊임없이 새로운 몰입을 경험하게 하려면 이 중 '호기심'을 자극하는 업무환경을 조성해주자. 전혀 다른 분야의 일이든 새로운 과제든, 그것은 문제되지 않는다. 호기심과 도전하고픈 욕구를 느낄 수 있도록 세심하게 조율한다면, 당신은 '해보고 싶다'는 의욕으로 충만한 조직을 이끌어갈 수 있다.

단, 여기에는 조건이 있다. 호기심이 한갓 동호회 활동 수준이 아니라 구체적인 성과로 나타나려면 역량향상이나 인센티브와의 연계성을 공고히 해야 한다. 리더인 당신의 인정이 더 확실하게 보장된 과제를 제시할 때, 성과를 내려는 구성원들의 동기는 극대화될 것이다.

이 중에서도 특히 '인정'의 위력은 아무리 강조해도 지나치지 않다. 일을 통해 리더 또는 조직으로부터 인정받는 것은 가장 인간다운 방식으로 성공하는 길이며, 본인의 욕구를 채워주는 길이다. 실제로 절대 다수의 사람들이 생존욕망을 넘어 인정받으려는 욕구를 추구하며 일한다. 오죽하면 세상을 '인정투쟁의 장場'이라고까지 하겠는가. 이 점을 인식할 때 더욱 진정성 있는 동기부여가 가능하다.

그렇다면 구성원들이 자발적으로 일에 몰입하게 하려면 당신은 어떤 점에 역점을 두어야 할까? 미 해군대학원 교수 케네스 토머스Kenneth Thomas는 그의 저서 《열정과 몰입의 방법》

에서 '일에 대한 가치', '권한위임', '업무수행능력', '성취감'의 4가지가 충족된다면 일에서 재미와 열정을 느껴 몰입하게 된다고 한다. 구성원들을 동기부여시켜야 하는 공통의 숙제를 안고 있는 리더들은 아주 긴요하게 생각해봐야 할 요소다. 만약 리더 자신이나 구성원들이 업무에 몰입하지 못하고 겉돌고 있다면 다음의 4가지 중에서 그 원인을 찾을 수 있을 것이다.

첫째, 구성원들로 하여금 자신이 하는 일이 '가치' 있다고 생각하게 만들면 그들은 하고 싶은 강한 욕망이 일어나서 열정을 다해 몰입할 것이다. 어떤 일을 하든 그것은 중요하지 않다. 자신이 하는 일을 소중하고 가치 있게 생각하는 구성원들은 언제 어디서든 좋은 성과를 창출할 수 있다. 반면 자신의 업무가 조직에 전혀 도움이 되지 않고 고객에게도 쓸모없다고 생각한다면, 오래지 않아 이 일을 왜 하는지 후회하게 될 것이고 바람직하지 않은 선택을 할 가능성도 높아진다. 따라서 리더는 구성원의 일이 왜 가치 있는지 명확히 알려주는 데 힘을 쏟아야 한다.

둘째, 구성원들에게 델리게이션을 통해 업무실행방법에 대한 '선택권한'이 본인에게 있음을 주지시키면 역할에 대한 주인의식을 가지고 책임감 있게 행동하게 된다. 목표에 대한 실행전략과 방법을 구성원들에게 과감히 델리게이션 해서 그들의 창의적인 아이디어가 좋은 성과로 이어질 수 있도록 자기주도성을 강화시키자. 그리고 당신은 오랜 경험을 통한 직관력과 통찰력을 발휘해 혹시나 일이 잘못된 방향으로 진행되지는 않는지 모니터링해주고, 큰 틀에서 코칭을 해주자.

셋째, 구성원들이 일에 몰입할 수 있는 가장 큰 동력은 바로 자신감이다. 즉 본인의 '역량'을 믿을 때 일에 매진할 수도 있고, 위기상황에도 유연하게 대응할 수 있다. 그렇기에 리더는 구성원들의 역량을 어떻게 하면 높일 수 있을지 늘 관심과 시간을 쏟아야 한다. 구성원들의 역량을 높이기 위해서는 수시로 몰입할 수 있는 새로운 과제나 새로운 도전거리, 새로운 가능성 등을 제공하는 것이 좋다. 특히 업무를 통해 역량을 높이고자 한다면, 무엇보다 과제의 불확실성 수준을 구성원들의 역량 수준에 맞춰주는 리더의 지혜가 필요하다. 일의 수준을 너무 높게 잡거나 반대로 너무 낮게 잡으면, 두려움 또는 지루함만 남는다. '눈높이'가 다르니 역량이 올라가지 못하는 것은 당연하다.

리더가 주도해서 구성원의 역량을 높이는 것만큼 그들 스스로 역량을 개발할 수 있도록 자극을 주는 것도 중요하다. 사람은 새로운 과제를 성공적으로 완수할 때 성장한다. 이때 얻은 지식, 경험을 바탕으로 구성원들은 또 다른 새로운 도전거리를 찾게 된다. 현명한 리더라면 구성원의 발심發心을 잘 간파해 더욱 북돋아주어야 할 것이다. "어쩌다 한번 잘했다고 기고만장하다"며 애써 키운 의욕을 꺾어서는 결코 안 된다.

넷째, 업무를 통해 본인이 '성장'하고 있음을 알고 성취감을 느낄 때 구성원들의 몰입도는 한층 높아진다. 우수한 핵심 인재들이 좋은 리더 또는 베스트 리더로 꼽는 첫 번째 항목이 무엇인지 아는가? 바로 구성원을 성장시킬 역량이 있는 리더다. 업무 또는 도전적인 과제를 통해 리더로부터 배우고 하루하루 성장해가고 있다고 느끼게 되면, 어떤 어려움이나 난관도 극복해나갈 힘이 생긴다.

이때 구성원을 아끼는 마음, 또는 못 미더운 마음에 옆에서 일일이 도와주지 말고 그들이 가진 특별한 장점이나 능력을 스스로 펼칠 수 있게 해야 한다. 그래야 리더에게 의존하지 않고 온전히 본인의 역량과 노력으로 과제를 마무리했다는 성취감을 느낄 수 있고, 자신의 잠재력과 가능성을 직접 확인할 수 있다.

리더가 구성원으로 하여금 일에 대한 가치를 느끼게 하고, 실행방법에 대한 선택권한을 델리게이션 함으로써 주인의식을 갖게 하며, 자신의 역량이 강화되고 있음을 느끼게 하고, 아울러 성취감을 맛보고 성장하고 있다고 인식하게 만드는 것은, 지금 당장의 경제적인 보상보다 몇 배 중요한 미래를 구성원들에게 선물하는 것임을 잊지 말자.

35

믿어라!
믿어야
성과가 나온다

그리스 신화에서 유래한 피그말리온 효과Pygmalion effect에 대해서는 많이 들어보았을 것이다. 조각가였던 피그말리온이 아름다운 여인상을 조각하고 그 여인상을 진심으로 사랑하게 된다. 그 깊은 사랑에 감동한 여신 아프로디테가 마침내 조각에 생명을 불어넣음으로써 피그말리온의 희망은 해피엔딩으로 마무리된다. 여기에서 유래한 '피그말리온 효과'란 누군가에 대한 사람들의 믿음이나 기대, 예측이 그대로 실현되는 경향을 말한다. 즉 타인이 나를 존중하고 나에게 기대하는 것이 있으면 기대에 부응하는 쪽으로 변화하려고 노력해, 결과적으로 그렇게 된다는 뜻이다. 특히 교육심리학에서 교사의 관심이 학생에게 긍정적인 영향을 미치는 현상을 설명하며 많이 언급되고 있다.

이는 과학적 실험을 통해 입증되기도 했다. 1968년 하버드대 사회심리학과 교수인 로버트 로젠탈Robert Rosenthal과

20년 이상 초등학교 교장을 지낸 레노어 제이콥슨Linore Jacobson은 미국 샌프란시스코의 한 초등학교에서 전교생을 대상으로 지능검사를 한 후, 검사결과와 상관없이 무작위로 한 반에서 20% 정도의 학생들을 선발했다. 그 학생들의 명단을 교사에게 주면서 '지적 능력이나 학업 성취도 면에서 향상 가능성이 높은 학생들'이라고 믿게 했다. 그로부터 8개월 후, 지능검사를 다시 실시했다. 그랬더니 실제로 명단에 포함된 학생들의 평균점수가 다른 학생들보다 높게 나왔다. 교사가 학생에게 거는 기대가 학생의 성적향상에 영향을 미친 것이다.

피그말리온 효과는 오늘날 조직경영에도 많은 시사점을 주고 있다. 리더가 피그말리온 효과를 잘 이용하면 더 높은 성과를 낼 수 있다는 것이다.

가능성을 믿어주면 누구나 열심히 하려고 한다. 인간에게는 누구나 타인으로부터, 소속된 집단으로부터 인정받고자 하는 욕구가 있기 때문이다. 피그말리온은 돌이 사람이 될 수 있다고 믿었다. 그에 비하면 사람이 더 잘할 수 있다고 믿는 것은 한결 쉽지 않은가?

훌륭한 리더는 구성원 개개인의 잠재력을 믿고 무한한 신뢰를 보여줘야 한다. 조직에서 제시되는 명확한 인재상과 신뢰가 조화를 이룰 때, 비로소 조직은 구성원들을 중심으로 자율적으로 움직이기 시작한다. 조직과 리더가 자신을 믿어주고 있다는 사실 하나가 구성원들에게 무한한 성장 원동력이 되어, 성과에 영향을 미치기 때문이다.

한편 피그말리온 효과에 대비되는 개념으로 '스티그마 효과stigma effect'라는 것도 있다. '스티그마'란 가축의 소유자를 표시하기 위해 찍는 낙인을 뜻한다. 피그말리온 효과가 타인으로부터 긍정적인 기대를 받고 그에 부응해 긍정적 행태를 보이는 경향성을 말한다면, 스티그마 효과는 그 반대로 타인으로부터 부정적인 평가를 받아 낙인이 찍히면 부정적인 행동을 보이게 된다는 이론이다. 사회심리학에서는 일탈행위에 대해 설명할 때 피그말리온 효과와 스티그마 효과를 대조해 설명하기도 한다.

이를 조직경영에 적용한다면? 조직과 리더가 자신을 긍정적으로 생각할 때, 구성원은 그 기대에 부응하려고 노력하지만, 부정적으로 평가해 낙인을 찍어버리면 부정적인 행태를 보이게 된다는 의미가 된다.

리더라면 한 번쯤 곰곰이 생각해보기 바란다. '나는 피그말리온 효과를 발휘해 조직을 변화시키고 있는가? 아니면 스티그마 효과를 조장해 조직을 무너뜨리고 있는가?' 지금도 수많은 리더가 돌처럼 굳어 꿈쩍도 하지 않는 구성원들을 보며 답답해하고 있다. 그러나 나는 당신에게 묻고 싶다. 그들이 본래 돌이었을까? 본래 열정적이었던 구성원을 당신이 점점 굳어지게 한 것은 아닐까?

피그말리온 효과와 스티그마 효과가 우리에게 시사하는 바는 명확하다. 리더인 당신이 구성원들에게 거는 기대대로, 그들을 바라보는 감정 그대로 구성원들이 행동한다는 것이다. 그들이 성과를 내서 당신이 그들을 믿고 인정하는 것이 아니라, 당신이 믿고 인정해서 그들이 성과를 내는 것이다. 이 인과관계를 오해하면 안 된다. 그러니 리더들이여, 그들을 먼저 믿어라. 나아가 그들을 '믿을 수 있는 존재'로 만들어라.

이처럼 리더가 구성원들을 믿으려면 다음의 2가지를 반드시 챙겨야 한다. 첫째, 구성원들이 '도전'하는 데 거리낌이 없고 긍정적으로 받아들이도록 만들라. 업무가 어느 정도 안정궤도에 접어들면 나른해져서 더 이상 노력하지 않거나 현재 상태에 안주하고 싶은 마음이 든다. 그러나 일을 통한 성과창출, 나아가 자아실현을 위해서는 구성원들이 더 큰 도전에 나서야 한다. 어느 곳에서든 이름을 남기는 사람은 한순간 혜성처럼 나타난 존재가 아니라 그 자리에서 끝없는 도전을 하며 역경을 뚫고 우뚝 선 이들이다. 도전을 즐기는 사람은 항상 긍정적이고 일을 통해 얻는 성취감에서 쾌감을 느낀다. 한번 성공의 짜릿함을 맛본 구성원은 다시 새로운 도전을 꿈꾸며 스스로를 채찍질할 것이다.

둘째, 구성원들에게 자신의 역할과 책임을 자율적으로, 시스템적으로 실행하게 만들어라. 리더가 일일이 이래라저래라 말하지 않더라도 자신이 조직에 기간별로 기여해야 할 역할과 책임을 인식하고 자발적이고 자율적으로, 자동적으로, 자기완결적으로 실행할 수 있도록 평소에 훈련하고 시스템화해야 한다. 누구나 의욕에 가득 차 있을 때는 부지런하다. 그러나 매 순간 게을러지지 않기 위해서는 부단한 노력이 필요함을 강조해야 한다. 구성원들을 시스템적으로 움직이도록 하려면 사전에 합의한 프로세스와 최소한의 양식template이 필요할 수 있다.

‘리더가 날 믿는구나’ 하고 느끼는 순간, 구성원들은 이를 리더 개인의 믿음이 아니라 ‘조직의 믿음’으로 해석하게 된다. ‘조직에서 나를 믿고 지원해준다’는 확신은 안정감을 주고, 그들로 하여금 일에 더욱 몰입하게 해준다. 리더가 구성원들의 삶에 관심을 갖고, 불평에 귀를 기울이고, 위기에 직면했을 때 도와주기 위해 노력하며, 공정하게 대우하는 모습을 보일 때, 구성원들은 리더와 조직에 대한 신뢰를 원동력으로 성과를 위해 매진하게 된다.

구성원들에게 늘 긍정적인 기대감을 가지고 있고, 그들의 업무환경에 관한 모든 것에 항상 관심을 기울이고 있음을 느낄 수 있게 하라. 그것이 성과와 인격 면에서 존중받는 리더가 되는 첩경이다.

여섯 번째 원칙

'탁상공론'하지 말고 '전략행동'을 훈련시켜라

성과지향적인 역량행동 훈련

36

‘땜빵식’ 교육으로 바쁜 구성원 두 번 죽이지 마라

리더들은 구성원들의 역량을 높이기 위해 어떤 노력을 해왔는가? 혹시 '품질관리과정'이나 '회계관리 기본과정' 같은 외부교육에 참여시키고는, 그것으로 다 됐다고 생각하지는 않았는가? 구성원이 받고 있는 사내외 교육에 대해 리더인 당신은 얼마나 만족하고 있는가? 또한 구성원들은 교육받은 내용에 대해 얼마만큼 이해하고 있으며, 성과를 내는 데 어느 정도 활용하고 있다고 생각하는가? 이 부분에 대해 당신은 그동안 얼마나 고민을 했으며, 또한 뚜렷한 해결책을 찾은 리더는 얼마나 된다고 생각하는가?

실무와 동떨어진 '교육만을 위한 교육'은 어디에도 쓸모가 없다. 역량훈련은 실전적이어야 한다. '실전적'이라는 단어에 내포된 의미는, 구성원들이 성과목표를 전략적으로 실행할 수 있도록 '역량' 중심으로 훈련하라는 것이다. 대개 목표란 현재 수준, 통상적인 수준보다 약간 높기 마련이어서, 구성원들의 역량을 120% 끌어내도 달성할 수 있을까 말까다. 그러나 여러 연구에 따르면, 대부분의 기업이 구성원의 역량을 70~80% 정도밖에 활용하지 못한다고 한다. 그 유명한 '링겔만 효과Ringelmann effect'다. 혼자 줄다리기를 할 때는 100의 힘을 쓰다가도, 2명이 할 때는 93의 힘만 쓰게 되는 것이 사람 심리라고 한다. 8명이 함께 줄을 당길 때는 불과 49의 힘밖에 쓰지 않는다니, 조직의 성과를 책임지는 리더로서는 입맛이 쓸 수밖에 없다. 게다가 역량훈련조차 별다른 효과를 거두지 못하고 있으니, 이는 보통 문제가 아니다.

왜 그럴까? 왜 배운 만큼 성과로 이어지지 않을까? 여러 가지 이유가 있겠지만, 그중에서도 구성원들이 현업에서 수행하는 업무와 교육훈련 프로그램이 밀접히 연관되지 못한 것이 큰 원인이라 할 것이다. 기업의 현업 임원들이나 팀장들과 인터뷰를 해보면, "교육은 나름대로 시키는데 효과는 없고, 그렇다고 교육을 안 시키면 기본적인 것조차 모르니 너무나 답답합니다"라는 볼멘소리를 하곤 한다. 구성원들이 실제로 하는 업무와 교육내용 사이에 현실적인 갭gap이 존재한다는 것을 단적으로 드러내는 말이다. 교육이 종료되고 나면 배운 내용을 토대로 자연스럽게 구성원들의 역량이 강화되고 성과로 나타나야 하는데도, 이 모든 기대와 노력이 무색할 만큼 그 효과가 미미한 것이 현실이다. 결국 '밑 빠진 독에 물 붓기'처럼 시간과 비용만 비효율적으로 새나가고, 건진 것은 하나도 없게 된다.

실제 상황을 보자. 대개 팀에서 OJT나 직무교육을 진행할 때는 으레 팀장이나 교육담당자가 매뉴얼부터 꺼내놓는다. 그런 다음 한두 마디 설명하는 듯하다가 "이 매뉴얼을 읽어보면 어느 정도 이해할 거야. 궁금한 사항이 있으면 질문해" 하고는 그냥 휙 가버린다. 상황이 이 정도면 구성원들은 리더에 의해 '육성'되는 것이 아니라, 그냥 '방치'된다고 하는 게 맞다. 이런 식으로 교육해서 과연 구성원들의 역량이 높아질 수 있을까? 무엇이 실무에 필요한 내용이고, 어떻게 이해하고 적용할 것인지, '물고기 잡는 법'을 알려주기에는 모자라도 한참 모자라다.

인정할 건 인정하자. 그동안 리더들은 현장에서 진짜 필요한 실행력 강화 차원의 교육에 관심을 기울였던 것이 아니라, 지식습득 교육에만 마지못해 구성원들을 참여시켜온 것이 사실이다. 그나마 조금 깨어 있는 리더라 할지라도 해당 업무 프로세스에 대한 설명을 하는 수준에 머물러 있었다. 그나마 시간에 쫓겨 형식적으로 교육을 실시하는 경우도 허다했다. 잘 가르치는 것이 아니라, 할당된 교육시간을 때우는 데 급급했던 것이다.

교육을 위한 교육은 구성원들을 '도살장에 끌려나온 소'처럼 만들어버린다. 그러니 이제 들어가자마자 출석을 부르고, 부랴부랴 기념사진을 찍고 끝내는 형식적인 교육훈련은 지양해야 한다.

이제 리더들도 구성원들을 육성하는 관점을 새롭게 바꾸어야 한다. 단순한 지식전달이 아니라, 이 지식을 통해 실전에서 활용할 수 있는 역량을 동시에 축적할 수 있도록 현장 위주의 교육을 실시해야 한다.

구성원들에게 성과달성을 위해 전략실행에 필요한 지식, 스킬, 경험 등을 적절히 제공한다면 리더는 당연히 팀의 성과를 창출할 수 있을 것이며, 구성원들 또한 조직과 함께 성장하는 모습을 자연스럽게 그리게 될 것이다. 기존의 교육과정이 지식습득에만 치중해왔다면, 이제는 변화된 업무환경에 적응할 수 있도록 구성원들의 '역량'을 향상시키는 데 집중해야 할 것이다.

37

그들의 대충주의? 리더에게 배운 것이다

편법 vs 원칙.

구성원들에게 이 둘 중 무엇을 가르치겠냐고 물으면, 백이면 백 모든 리더들이 '원칙'을 가르치겠다고 말한다. 다소 어렵고 느리더라도 원칙대로 성과창출 프로세스를 가르치는 게 장기적으로 옳고, 낫다는 판단에서다. 백번 맞는 말이다. 편법의 유혹을 뿌리치고 일단 원칙을 몸에 익히고 나면, 구성원 스스로가 자기 역량을 관리할 수 있게 된다.

그러나 이처럼 원칙을 체질화하기 위해서는 '원칙이 중요하다'고 입으로만 떠들어서는 안 된다. 리더 스스로가 먼저 역량을 높일 수 있는 교육에 열심히 참여함으로써 모범을 보이고, 구성원들이 이에 따르게 만들어야 한다.

'윗물이 맑아야 아랫물도 맑다'는 속담의 중요성을 깊이 생각해본 적이 있는가? 어느 조직에 가더라도 이 속담의 법칙은 적용된다. 가정은 물론 회사에서도 예외는 아니다. 그렇다면 조직에서 리더는 어떤 모습을 보임으로써 '맑은 윗물'이 될 수 있을까?

좋은 게 좋으니 일 처리하는 순서만 대강 알려주거나, 현재 상황에서 요리조리 빠져나가는 방법만 말하는 리더로 남을 것인가? 아니면 조직생활에서 생기는 어떤 상황에도 지혜롭게 대처할 수 있도록 역량을 키워주는 조력자가 될 것인가?

당연히 후자가 리더 본연의 참된 모습일 것이다. 리더는 자신에게서 전수받은 경험과 지식을 바탕으로 구성원들이 일취월장하는 모습을 볼 때 가장 큰 보람을 느낀다. 사내 기업가 마인드로 모든 일을 창의적으로 처리하는 인재, 원하는 미래상을 갖추기 위해 성과를 지속적으로 창출하는 인재, 불평불만 없이 자신의 역할을 완수해내는 인재, 조직을 위해 항상 즐겁게 고민하고 동료들에게 행복 바이러스를 전파하는 인재…. 리더가 육성해야 할 바람직한 인재의 모습은 아주 다양하다.

하지만 조직을 경영하다 보면 모든 일을 쉽게 생각하고 건성으로 일을 처리하거나 요령을 피우는 구성원들을 반드시 만나게 된다. 이들 때문에 코칭 의욕이 싹 달아났다고 하소연하는 리더들도 많이 보았다.

그러나 나는 요령 피우는 구성원들이 생기게 된 원인은 리더에게 있다고 생각한다. 경력사원이든 신입사원이든, 누구나 입사하면 가장 먼저 살피는 것이 조직 분위기다. 빨리 적응하기 위해 선배들에게 일하는 방법도 배우고, 그러면서 선배나 리더의 성향도 파악한다. 그렇게 시간이 지나면서 분위기에 익숙해지고, 어려운 상황도 요령 있게 잘 대처하게 될 것이다. 나쁘지 않다. 조직에 잘 적응하고 동료와 흠없이 원만히 지내는 것은 팀워크 활성화 차원에서도 바람직하다.

그런데 이때 혹시 리더인 당신이 그들에 대한 코칭과 육성을 대충 하거나 빨리 해치워 버리려는 모습을 보이지는 않았는지 묻고 싶다. 구성원들과 성과목표를 세울 때 "뭘 고민해? 그냥 작년 자료를 참고해서 대충 해"라고 지시한 적은 없는가? "김 대리, 그거 대충 마무리하고 퇴근하자"고 오히려 대충주의를 강요한 적은 없는가?

리더의 입에서 '대충'이라는 말이 나오면, 안 그래도 머리가 복잡한 구성원들은 면책특권이라도 받은 것처럼 긴장이 풀어지고 해이해진다. 일이 손에 잡히지 않고, 죽기 살기로 매달려도 될까 말까 한 일을 그야말로 대충 해서 넘기고 만다. 한두 번 그런 식으로 일을 하면, 대충주의가 몸에 배어버려 고치려 해도 고칠 수 없는 지경이 이른다. 그러니 일의 경중에 관계없이, 주어진 일은 무조건 성실하게 마무리하는 파이널 마인드final mind를 조직에 전파하려는 노력을 게을리해서는 안 된다.

리더가 먼저 솔선수범하여 행동으로 보여주면, 당장 구성원들의 일하는 자세부터 달라진다. 대충 하려는 마음 따윈 갖지 않게 된다. 그러니 만약 쉽게 일을 처리하고 싶거나 또는 귀찮은 마음에 대충 하려고 생각했던 리더가 있다면, 지금 당장 그런 마음을 버리기 바란다.

구성원들은 리더의 모습을 그대로 닮는다. 어린아이가 말을 시작할 때 부모의 말투와 행동을 그대로 따라 하는 것처럼 말이다. 리더가 솔선수범해 목표 중심으로 업무를 꼼꼼히 처리한다면 구성원들은 그 모습을 닮으려 노력할 것이고, 대충

하는 모습을 보이면 그 모습도 그대로 닮아갈 것이다.

따라서 구성원들을 일에 대한 열정이 대단한 전문가로 육성하고 싶다면, 리더 본인의 모습부터 하나하나 되짚어보자. 그저 조직에서 큰소리 나는 게 싫어 요령껏 상황을 대처하는 방법만 알려주지는 않았는지, 간단한 팁만 제공해 일을 쉽게 풀어나가는 임기응변만 전수해준 것은 아닌지 말이다.

38

능력에 지독한
훈련을 더할 때
'역량'이 만들어진다

당신은 리더로서 '능력capability'이 뛰어난 구성원과 '역량competency'이 출중한 구성원 중 누구에게 높은 점수를 주겠는가? 당연히 역량이 뛰어난 구성원 쪽에 한 표를 더 줄 것이다. 왜냐하면 많은 지식을 알고 경험도 많다고 해서 반드시 탁월한 성과를 창출하는 것은 아니기 때문이다. 성과를 창출함에 있어 '능력'은 필요조건이고 '역량'이 충분조건이다. 따라서 리더는 역량이 뛰어난, 즉 성과창출에 가장 중요한 영향을 미치는 행동이 몸에 체질화된 구성원을 육성하는 데 많은 시간을 할애해야 한다.

요즘 많은 기업에서 능력을 대신해 '역량'이라는 단어를 쓰고 있다. 그렇다면 '역량평가' 또는 '역량모델'이니 할 때 흔히 쓰는 역량이라는 말은 '능력'과 어떠한 차이가 있을까? 물론 아직은 역량이라는 말보다는 능력이 조금 더 익숙할 것이다. 능력이란 업무수행을 잘하기 위해 갖추어야 할 자격요건인 직무경험, 지식, 스킬 등과 같은 것을 말한다. 주로 경력이나 자격증, 학력을 가지고 판단한다. 과거에는 이런 능력만 있어도 성과를 내는 데 별 지장이 없었다. 실제로 과거에는 구성원을 채용할 때 자격증 및 외국어 성적같이 눈에 보이는 것을 기준으로 판단하는 조직이 대부분이었다.

하지만 오늘날처럼 급격하게 변화되는 경영환경에서는 자신이 가지고 있는 능력을 곧바로 행동으로 옮겨서 성과로 연결시킬 수 있는 구성원들이 더욱 절실하다. 이처럼 성과에 결정적인 영향을 미치는 차별화된 전략을 지속적으로 실행하는 힘, 이것이 바로 '역량'이다.

이 정의만 보아도 능력보다는 역량이 중요함을 알 수 있다. 그런데 아직까지도 많은 기업에서 채용할 때 후보자의 역량을 검증하기보다는 능력이 어느 정도인가에 초점을 맞추는 듯하다. 하지만 막상 누구나 부러워할 만한 학교를 졸업하고 외국어 또한 원어민 수준으로 구사하는 사람을 채용해도 조직에서 기대하는 성과를 충족시키지 못하는 경우가 많다.

물론 조직에는 좋은 학교를 졸업하고, 토익점수도 높고, 외국 대학의 MBA코스를 마친 뛰어난 인재들도 필요하다. 부인할 수 없는 사실이다. 하지만 진정으로 회사와 팀의 성과에 도움이 되는 사람은 학벌이나 학력, 직무경력과 관계없이 조직과 개인의 목표달성을 위해 전략을 행동으로 실천하려고 애쓰는 이들이다.

리더들은 구성원들의 과거에 연연하지 말고 현재와 미래에 주목해야 한다. 어느 학교 출신이고 얼마나 공부를 잘했으며 어떤 일을 했고 얼마나 다양한 직무경험을 했는가 하는 것은 말 그대로 '참고사항'일 뿐이다. 그렇게 따지면 왕년에 대한민국에서 한가락 하지 않은 사람이 과연 있을까? 중요한 것은 과거가 아니라 지금이고, 앞으로 펼쳐질 미래다.

역량을 실무적으로 정의하자면 리더가 따로 관리하지 않아도 스스로 성과를 창출할 수 있는 실행력이다. 역할과 책임을 부여하면 플랜plan, 두do, 시 앤드 피드백see & feedback 프로세스를 기준에 따라 실행할 수 있는 행동력을 역량이라고 한다. 플랜 단계에서는 기획planning하고 계획plan하는 것이 핵심이다. 기획이란 목표와 전략과 자원을 의사결정하는 것을 말한다. 계획이란 기획한 것을 실행으로 옮기기 위해 일정별로 해야 할 일의 순서를 정하는 것을 말한다. 두 단계에서는 캐스케이딩과 협업이 핵심이다. 캐스케이딩이란 최종목표를 기간별 과정목표로 잘게 나누는 것을 말한다. 월간목표를 주간목표로, 주간목표를 일일목표로 세분화하는 것을 말한다. 협업이란 실행을 할 때 자신의 능력과 역량을 상위리더나 다른 동료들에게 도움받아서 원하는 성과를 창출하는 것을 말한다.

시 앤드 피드백이란 최종결과물에 대한 최종 성과평가와 과정평가물에 대한 과정 성과평가를 통해 개선과제를 도출하고 만회대책을 수립하는 것을 말한다. 역량이란 성과를 창출하는 프로세스, 즉 플랜, 두, 시 앤드 피드백을 리더의 간섭없이 자기완결적으로 실행하여 원하는 성과를 창출할 수 있는 실행력을 말한다.

그렇다면 성과창출 과정에서 구성원이 반드시 발휘해야 할 역량을 강화시킬 때, 리더가 그들에게 강조해야 할 핵심사항은 무엇일까? 다음의 3가지다.

1. 일의 결과물을 수요할 고객이 누구인가?
2. 그 고객에게 얼마만큼의 성과를 기여할 것인가?
3. 어떻게 전략적으로 실행할 것인가?

즉, 구성원들이 현장의 현황을 파악하여 성과목표를 설정하고 성과목표달성에 결정적인 역할을 할 고정요소와 변동요소를 파악한 후, 구체적으로 어떻게 고정요소와 변동요소를 실행할지, 실행하는 데 부정적인 영향을 미칠지도 모르는 예상리스크요인은 무엇이며 어떻게 대응할지 방안을 수립해야 한다. 이 과정은 어떤 일을 하든지 빠지지 않으며, 또 간과할 수도 없다. 계획된 전략이면 그나마 낫지만, 돌발상황이 발생해 급박하게 대처해야 할 때도 적지 않다. 그러므로 이 작업을 언제든 신속하게, 거의 무의식적으로 실행할 수 있을 만한 역량이 구성원들에게 축적돼 있어야 한다. 반복적인 훈련이 필요한 이유다.

훈련이란, 반복적인 수행을 통해 몸으로 체화하는 과정을 의미한다. 구성원들에게는 전략을 행동으로 실천할 수 있는 검증된 역량이 필요하며, 그 역량을 키우기 위한 훈련은 절대로 게을리할 수 없다.

39

일하면서 배우는 것이 최고의 훈련이다

많은 기업이나 기관의 교육훈련 시스템을 분석해보면 여전히 성과를 창출하기 위한 역량훈련보다는 직무수행능력과 관련된 직무지식이나 스킬, 트렌드나 마인드에 대한 교육이 많은 부분을 차지하고 있는 것을 볼 수 있다. 심지어는 임원에게도 직무지식 중심의 교육을 하는 곳이 많다. 성과창출을 위한 전략적 역량훈련보다는 '배워두면 좋은 교육'을 하고 있다는 말이다. 당장 긴요한 성과창출 역량에 대해서는 상대적으로 소홀히 하고 있으니 실질적인 성과창출에는 별다른 효과가 없다. 대부분 외부환경의 영향이나 CEO의 전격적인 의사결정으로 결과가 좌우되는 것이 대부분이다. 많은 예산과 자원, 무엇보다 구성원들의 금쪽같은 시간을 생각하면 낭비도 이런 낭비가 없다.

이 문제를 타개하려면 발상의 전환이 필요하다. 단순히 교육만을 통해 구성원들이 100% 육성될 것이라는 착각은 처음부터 버려야 한다. 함께 근무하는 구성원들이 실전 같은 훈련을 받게 하고 싶다면, 지식이나 마인드 교육에만 의지할 게 아니라 실제 '일하는 프로세스'를 통해 가르쳐야 한다. 일하는 프로세스란 앞서 설명한 플랜, 두, 시 앤드 피드백을 말한다.

일을 하기 전에 반드시 기획planning을 하고 실행할 때는 캐스케이딩하고 일이 끝나면 반드시 평가하고 피드백하는 일련의 프로세스다. 이러한 프로세스를 과제 단위로, 프로젝트 단위로, 주간, 월간, 분기, 반기, 연간단위로 지속적으로 실행하여 '일을 통해 지속적으로 성장하고 있다'는 느낌을 준다면 교육훈련으로 이보다 더 좋을 수는 없다.

사실 일하는 프로세스를 통해 역량을 축적하고 성장하는 것은 최고의 육성방법이다. 과제를 부여받으면 자연스럽게 기획하고 계획하는 훈련을 하고, 성과목표와 달성전략을 고민하고 연구하다 보면 어느덧 한층 성장한 자신의 모습을 발견하게 된다.

문제는 어떻게 하느냐다. 많은 조직의 리더와 구성원들은 프로세스대로 일하는 것에 대해 부담감을 많이 느낀다. 여태껏 과제와 완료일정 정도만 정하고 일을 해도 충분했다는 것이다. 그런데 굳이 일을 하기 전에 성과목표와 달성전략과 예상리스크 대응방안을 수립하고 계획을 수립하고, 일을 완료하고 나면 성과를 평가하고 개선과제를 도출하고 만회대책을 수립하는 프로세스를 준수해야 하는 것이냐고 볼멘소리를 한다. 한마디로 귀찮다는 것이다.

물론 처음에는 다소 번거로울 수도 있다. 하지만 체질화될 때까지는 다소 귀찮고 번거롭더라도 프로세스를 지키는 것이 필요하다. 리더는 구성원들에게 일하는 프로세스 단계별로 기준과 요령을 설명해주고 내용에 대해서는 구성원들 스스로 작성하게 해야 한다. 이제 더 이상 리더 중심의 근태관리나 업무관리는 어려워진다. 구성원들 스스로 자기완결적으로 일하고 성과를 창출하는 메커니즘이 필요하다.

그렇다면 리더가 일일이 일하는 프로세스에 개입하기보다 구성원스스로 자신의 일에 대해서는 프로세스대로 일하는 역량을 체질화해야 한다. 그래야 구성원들이 자신이 하는 일에 대해 '책임감'과 '주인의식'을 가지고 일하는 부수적인 효과도 얻을 것이다. 익숙할 때까지는 당연히 리더가 성과코칭을 해야 한다.

40

일이 진행되는 중간에 ‘면담’하라

영업팀 팀장인 송 차장은 하 대리에게 신규점포 매출방안에 대한 보고서를 작성하라고 지시했다. 이에 하 대리는 신규점포의 매출증대를 위한 판촉 및 홍보방안에 대해 고심하고 있었다. 그런데 이 회사 영업본부의 가장 큰 특징은 리더와 구성원 간의 의사소통이 대단히 활발하다는 것이다. 그 핵심은 '면담'이었다. 어떤 과제에 대해서든 실행과정에서 반드시 한 번 이상의 면담이 이루어진다. 그들 스스로 이것이 건강한 조직문화를 유지하는 가장 중요한 비결이라고 한다.

내가 함께한 그날도 중간점검 면담이 있었다. 아침 10시, 회의실에 송 팀장과 하 대리가 들어왔다.

"팀장님이 말씀하신 신규점포 매출방안에 대한 중간 보고서입니다."

송 팀장은 보고서를 살폈다. 이런 면담과정을 많이 해서인지 송 팀장과 하 대리는 서로의 니즈와 원츠를 파악하는 과정이 몸에 익은 듯 매우 자연스러웠다. 송 팀장은 보고서를 보며 흐뭇한 표정을 지었다. 자신이 원하는 방향대로 잘되어가고 있다는 뜻이다.

하 대리는 신규점포의 매출액을 늘리는 방안의 하나로 '반값 할인' 이벤트를 매주 금요일에 시행해보자는 아이디어를 제안했다. 반값 할인 품목은 상품운영팀과 함께 협의해도 좋을 듯하다는 의견도 덧붙였다. 고객에게 반응이 좋은 상품을 반값 할인 품목으로 선정해야 할 터인데, 시장분석 역량은 자신보다 상품운영팀이 더 뛰어날 것이라 판단했기 때문이다. 송 팀장은 하 대리의 의견대로 진행해보라고 재가해주었다.

이 사례는 성과를 내는 과정에 '면담'이 왜 필요한지 잘 보여준다. 물론 처음에 면담을 실시할 때는 '훈계만 늘어놓는 거 아니냐'며 오해할 수도 있다. 심지어 어떤 이들은 면담을 하는 미팅룸을 '고문실'이라 표현하기까지 한다. 그 이유는 면담 자체에 있다기보다는 면담의 방법이나 시기 때문이다.

당신은 면담을 어느 시점에 진행하는가? 상당히 많은 리더들이 '문제가 발생했을 때'라고 답한다. 평상시에는 아예 면담을 하지 않다가, 사고가 터진 다음에야 부랴부랴 대책을 마련한다고 면담실로 들어가는 것이다. 생각해보라. 그런 자리에서 좋은 말이 나오겠는가? 안 그래도 잔뜩 주눅 든 상태에서 리더가 뒤늦게 '네 탓 내 탓' 잘잘못을 가리고 있으니, 그 자리에서 허심탄회하고 발전적인 대화가 가능하겠는가?

그래서 면담은 긍정적인 이미지보다 부정적인 이미지가 강하다. 설령 리더가 질책의 의도 없이 관심의 표현으로 면담을 제안해도, 구성원은 훈계와 질타의 시간으로 받아들이기 일쑤다. 나도 사무실에서 구성원들에게 가끔 '면담 좀 하자'라고 하면 구성원들은 대뜸 '저 잘못한 거 없는데요?'라고 대답할 정도이니 말이다.

이런 폐단을 없애는 가장 효과적인 방법은 면담을 '중간점검'으로 활용하는 것이다. 중간점검으로서의 면담은 리더와 구성원 양쪽 모두에게 이득이다. 리더 입장에서는 일이 어느 정도까지 진행되고 있는지 자연스럽게 파악할 수 있으니 좋다. 또한 구성원들에게 무엇이 부족한지, 어떤 점에서 리더의 도움을 바라는지 파악할 수 있다.

델리게이션을 하고 나면 리더는 구성원이 과연 잘하고 있는지, 자신이 원하는 방향대로 진행되고 있는지, 어느 단계까지 진척되었는지가 궁금하다. 그렇다고 매번 물어보자니 조심스럽기 그지없다. 잘못하면 '여태 그만큼밖에 못했어?'라는 잔소리로 해석될 수 있고, 귀찮은 간섭으로 받아들여질 수도 있기 때문이다. 하지만 실행단계에서 면담을 활성화하면 이런 고민을 하지 않아도 된다. '면담을 통한 점검'이 성과창출 프로세스의 공식적인 과정으로 들어가 있기에 부담스러울 이유가 없다.

한편 구성원들로서도 마다할 이유가 없다. 무엇보다도 다 끝난 뒤에 '이렇게 하면 어떡하느냐'고 야단맞느니, 일이 진행되는 중에 오류를 지적받아 수정하는 편이 백번 나으니 말이다. 또한 중간점검 면담은 그 성격상 일방적인 잔소리로 끝날 위험이 작다. 성과평가가 아닌 성과달성방안을 모색하기 때문에 서로의 의견을 경청하는 분위기가 쉽게 조성된다. 평소 필요로 했던 자원을 자연스럽게 요청하기에도 매우 좋다. 이 자리에서는 금전적·시간적인 자원은 물론 인력자원, 나아가 필요한 역량을 보충할 수 있는 자기계발 항목까지 모두 요청할 수 있다.

면담을 발전적인 자리로 활용하기 위해서는 적절한 커뮤니케이션 스킬을 익히는 것도 중요하다. 아무래도 1대 1의 밀

착된 소통이 이루어지는 만큼 당신의 한마디, 제스처 하나에도 구성원들이 민감해지는 게 인지상정 아니겠는가. 면담할 때 리더에게 꼭 필요한 커뮤니케이션 스킬에 대해 정리해보면, '청/정/청/문/답'의 5가지로 요약할 수 있다.

첫째, 그냥 듣지 말고 '경청'해야 한다. 이는 리더 입장에서 판단하지 않고 구성원과 공감하며 사실과 의견을 구분하며 듣는 적극적인 자세를 뜻한다. 경청을 하면 자연스럽게 구성원의 니즈와 원츠를 파악할 수 있다. 구성원의 숨겨진 욕구를 찾아내면 서로의 공감대와 합의점을 더 쉽게 이끌어낼 수 있는 것은 당연지사. 사실 경청은 커뮤니케이션의 가장 기본적 자세라 할 수 있다. 서로가 상대방의 말을 듣지는 않고 자기 말만 늘어놓는다면 커뮤니케이션이 이루어질 리 만무하다.

둘째, 무시하지 말고 제대로 '인정'해야 한다. 구성원이 리더보다 직책이나 직위가 낮다고 무시하거나 얕잡아보지 마라. 구성원의 관점이 '틀린' 것이 아니라 '다른' 것이라 인식하고, 구체적인 칭찬으로 이끌어라. 인정이란 리더의 눈높이를 구성원과 맞추는 것이며, 리더 자신의 의견과 방법만이 옳은 것이 아니라는 것을 수용하는 것이다.

셋째, 일방적으로 지시하지 말고 정중하게 '요청'해야 한다. 잘 알다시피 요청은 자신이 원하는 것을 상대방이 실행하도록 부탁하는 행위다. 따라서 상명하복의 권위적 사고방식에 길들여 있다면 '요청'이라는 단어 자체가 낯설 수도 있다. '직책이나 직위'보다 '역할'을 중심으로 사고할 때 리더가 구성원에게 요청하는 행위가 가능하다. 요청이 제대로 이루어지면 상대방은 요청받은 일이 누가 '시킨 것'이 아니라 자신이 선택한 '자신의 일'이라고 생각한다. 따라서 주인의식을 갖고 최대한의 노력을 기울여 능동적으로 일을 마무리해줄 것이다.

넷째, 폐쇄형 질문을 하지 말고 '개방형 질문'을 해야 한다. 열린 질문은 상대방이 스스로 해답을 찾고, 동기를 높이게 한다. 이때 '예', '아니오' 식의 단답형보다는 상대방의 다양한 의견을 들을 수 있는 개방형 질문을 많이 할 것을 권한다. 개방형 질문을 하다 보면 상대방의 생각이 어떻게 나오게 됐는지 이해되며, 서로 다른 의견을 절충할 지점도 한층 분명하게 알 수 있다.

다섯째, 성의 없이 대답하지 말고 명확하게 '응답'해야 한다. 중언부언 요점을 흐리며 말하지 말고, 질문에 대한 결론부터 말한 다음 간략하고 명쾌하게 설명하라. 근거나 사례를 제시하면 설득력이 더욱 높아진다. 장황하게 늘어놓는 답변, 두루뭉술한 표현, 과대포장은 금물이다.

이상과 같이 5가지 원칙에 따라 면담을 진행하면 구성원들이 무엇을 기대하고 있는지, 어떤 생각을 하고 있는지, 그리고 그들에게 부족한 부분이 무엇인지 명확히 파악할 수 있다. 올바른 타이밍에 올바른 대화를 함으로써, 당신은 구성원이 올바른 방향대로 잘 나아갈 수 있도록 제대로 된 코칭을 해줄 수 있다.

41

야단치지 말고 <u>스스로</u> 깨닫게 하라

팀원이 이번 달 매출목표에 한참 미치지 못하는 결과를 보고하러 왔다. 자, 평소의 당신은 어떻게 반응하는가? 버럭 소리를 지르고 화부터 내고 보는가? 아니면 차분하게 상황을 들어보고 스스로 잘잘못을 깨닫게 해주는가? 전자의 살벌한 분위기가 얼핏 연상되는 것은 나만의 착각일까?

호통 치지 말고 스스로 깨닫게 하라. 리더로서 일의 결과에 대해 단순히 결과에 대해 칭찬이나 꾸지람을 하는 것이 아니라 구성원 스스로 앞으로 어떻게 개선할 것인지 깨닫게 하는 것은 당신의 구성원, 동료, 리더가 서로에게 유익한 이익을 얻도록 해주는 것이다. 그만큼 리더가 조직을 운영하면서 없어서는 안 될 것이 바로 구성원들에 대한 진심 어린 코칭이다.

물론 저조한 성과를 거둔 구성원에게 부족한 부분이 분명히 있을 것이다. 그러나 리더라면 무조건 야단치고 큰소리 내기 전에, 어떤 부분이 잘못되었는지 전략분석을 해주고 다음에는 더 잘할 수 있도록 스스로 깨닫도록 해줘야 한다. 적절한 시기에 리더가 주는 조언은 구성원들로 하여금 같은 실수를 반복하지 않도록 개선할 지점을 명확히 찾게 해준다.

잘못한 일에 대해 큰소리로 야단치는 것은 리더의 분풀이 이상도 이하도 아니다. 이미 엎질러진 물에 대해 감정적인 말과 행동을 해봐야 결코 결과를 되돌려 놓을 수 없다. 만약 잘못된 결과에 대해 리더가 야단치고 질책한다고 해서 일의 결과가 달라질 수 있다면 얼마든지 그래야 할 것이다. 그러나 결코 그렇게 할 수 없다는 것을 이성적으로 객관적으로 깨달아야 한다. 마음속으로는 화가 나서 견딜 수가 없을 것이다. 하지만 중요한 것은 다음에도 저성과가 반복되지 않도록 부족한 부분을 메워주는 것이다. 먼저 성과를 평가하게 하고 미달성한 원인을 분석하게 하고 개선과제를 찾고 부족한 부분을 언제까지 어떻게 만회할 것인지 스스로 계획하게 하는 것이 필요하다.

최근 들어 '코칭'이라는 말이 꽤 흔해진 듯하다. 기업은 물론 학교나 단체에서도 많이 사용되고 있다. 분명 좋은 현상이지만, 안타깝게도 그 의미가 정확히 무엇인지, 그리고 왜 중요한지에 대해서는 잘 모르고 쓰는 것 같다. 구성원들에게 어떻게 코칭을 해줘야 하는지 깊이 생각해보지도 않은 채 생각나는 대로 말을 뱉는 이들이 너무 많다. 심지어 코칭을 한다면서 망언을 일삼는 경우도 심심치 않게 눈에 띈다.

굳이 바쁜 시간을 쪼개어 스스로 깨달을 수 있도록 코칭해주는 이유가 무엇인가? 나중에 더 나은 성과를 내기 위해서다. 잘한 것과 못한 것을 따져서 나중에 더 잘하도록 자신감을 북돋아주고, 같은 실수를 반복하지 않도록 교정하기 위함이다. 결과에 대해 이래라저래라 잔소리하는 것이 아니라, 학습할 것이 무엇인지 알려주고 성장에 참고할 만한 가치 있는 정보를 제공하는 것이다. 이 목적만 명확히 이해해도 코칭을 하는 마인드와 방식이 달라질 수 있다.

그런데 우리의 결과에 대한 코칭이 어떻게 이루어지고 있는가? 늘 '추궁'하기 바쁘다. 100만큼의 시간과 노력을 투자했는데 결과가 70밖에 나오지 않았다면, 당신은 어떻게 반응하는가? 대부분의 리더들은 왜 결과가 이렇게밖에 나오지 않았는지부터 시작해 구성원의 능력을 걸고넘어지며 기를 꺾어놓는다. 이처럼 결과를 객관적으로 '분석'하기도 전에 '질책'만

퍼부으니, 구성원들 입장에서는 리더가 코칭을 해준다고 하면 지레 혼날 걱정부터 할 수밖에 없지 않겠는가.

사람은 모름지기 가치 있는 일을 했다고 느낄 때, 비로소 인정받는다고 생각하고 일에 대해 자부심을 갖는다. 반면 부정적인 피드백만 계속 받으면 점점 자신감도 없어지고 주눅 들게 마련이다. 설령 다음번 일을 훌륭히 완수했다 해도, 과거의 '쓰라린 기억' 때문에 자신이 잘했다고 믿지 못하고 리더의 눈치를 살피는 상황이 벌어진다. 일에 대한 열정이 식는 건 두말할 필요도 없다.

부모와 자식 사이도 마찬가지다. 예를 들어 중학생 아들이 유독 수학 성적만 나쁘다고 가정해보자. 속이 타는 부모 입장에서는 "왜 수학 점수가 이 모양이야! 도대체 어떻게 공부를 했길래 이런 점수 같지도 않은 점수를 받아온 거야? 너는 정말 누굴 닮아서 이러니!"라는 질책부터 튀어나올 상황이다. 하지만 점수가 나오지 않은 본인은 얼마나 속상하겠는가? 거기다 부모님마저 아들의 심정을 헤아려주지 않고 다그치기만 한다면, 자칫 아들이 삐뚤어질 가능성도 있다. 그렇다면 어떻게 코칭을 해줘야 할까?

아들이 무슨 문제를 틀렸는지 유독 왜 수학만 약한지 파악해서 스로로 생각하게 하고 자신의 의견을 말하게 해야 하지 않겠는가. 즉 자녀가 믿고 이야기할 수 있는 조력자, 진심으로 경청해주는 부모가 되어야 한다. "수학 100점 맞으면 스마트폰 사줄게"라는 식의 단순논리로 자식을 구슬리고 근시안적으로 행동해서는 백번 코칭을 한들 별반 도움이 안 된다.

단위조직의 리더도 마찬가지다. 단순히 성과나 업무 결과만 바라보고 구성원을 판단할 것이 아니라, 실패원인에 대한 냉철한 분석을 스스로 할 수 있도록 도와주고 분석적 의견에 대해 지지를 해주고 스스로 깨닫게 해야 한다. 스스로 자신의 일에 대해 분석하고 개선하는 것이 성과를 창출하는 결정적 요소임을 인식하고, 지속적으로 그리고 효과적으로 지지하는 것이 중요하다.

일곱 번째 원칙

'실적리뷰' 그만두고 '성과리뷰' 강화하라

공정한 성과평가 피드백

42

목에 칼이 들어와도 보상약속은 지켜라

리더가 구성원들에게 델리게이션을 통해 원하는 성과를 얻기 위해서는 구성원들을 동기부여시켜 신바람 나게 일하도록 만들어야 한다. 동기부여의 정점은 '보상'이다. 자신이 일한 만큼 정당한 평가를 받고 제대로 보상받을 때, 일하는 맛이 나고 출근길이 즐거워진다.

그런데 때로는 보상이 오히려 업무의욕을 떨어뜨리는 황망한 경우도 있다. 아니, 있는 정도가 아니라 대단히 많다. 연말 평가시즌이 되면 말할 것도 없고, 개별 프로젝트가 끝나고 나서도 "내가 이런 대접을 받으려고 그 고생을 했냐"며 동료들끼리 울분의 술잔을 부딪치는 경우가 적지 않다. 모두 제대로 평가받지 못하고, 합당한 보상을 받지 못해서 그렇다.

리더가 구성원들에게 보상해주기로 약속했다면, 이는 절대적으로 지키려 노력해야 한다. 술자리에서 호기롭게 외친 약속도 엄연한 약속이다. 그런데 지키지 않는 것은 왜인가?

"그게 내 맘대로 되는 게 아니어서, 다른 팀과의 형평성도 고려해야 하고, 사장님의 판단은 나와 다르기도 하고, 회사 사정도 예전 같지 않고…." 보상을 이행하지 못할 때 리더들의 단골 멘트다. 누군가가 이렇게 말할 때마다 나는 되묻고 싶다. 그걸 이제 알았느냐고. 회사라는 조직의 보상은 원래 공적이고 체계적이다. 그걸 뻔히 알면서 자신이 실천하지도 못할 공약空約을 남발하고, 약속을 지키고자 하는 의지도 없이 눈만 끔벅거리고 있으면 어떡하는가. 리더가 그러는 동안 구성원의 기대는 점점 사그라지고, 의욕은 땅에 떨어지고 만다.

가장 흔한 공약은 '연봉인상'과 '승진'이다. 구성원들에게 일을 하게끔 만든답시고 "내년에는 무조건 과장으로 승진시켜 줄게!"라고 지키지도 못할 약속을 한 적은 없는가? 그러고 나서 승진이 어려워지면 슬그머니 발뺌하는 리더들을 볼 때 구성원들은 어떤 생각이 들까.

외부교육을 받고 싶다는 팀원에게 "지금은 일이 바쁘니, 이번 프로젝트만 끝나면 교육받도록 해줄게"라고 얘기해놓고 정작 그때가 돼서도 교육지원을 차일피일 미룬다면, 팀원은 팀장을 어떻게 보겠는가. 이솝우화에 나오는 '양치기 소년'쯤으로 생각하지 않을까. 일순간 편하자고 자신이 책임지지도 못할 보상약속을 습관처럼 떠벌린다면, 결국 구성원들의 신뢰를 스스로 무너뜨리는 격이다. 그런 리더가 나중에 또 약속을 한다 한들, 그 얘기를 누가 곧이곧대로 믿고 헌신하겠는가.

한번 약속한 보상에 대해서는 무슨 일이 있더라도 지켜라. 설령 회사방침상 약속을 지키지 못할 상황이더라도, 최소한 이행하려는 시도는 하라. 실행하고자 노력하는 리더의 모습을 보여준다면, 구성원들 역시 자신에게 부여된 성과목표를 '리더와의 약속'이라 생각하고 배수의 진을 치고 기필코 달성하려고 노력할 것이다.

보상약속을 지키려는 노력과 함께, 실질적으로 구성원의 입장에서 어떤 보상을 해줘야 가치 있을지 고민할 필요도 있다. 흔히 떠오르는 보상책은 '돈'이다. 그러나 돈이란 위험해서, 금전적 보상에만 치중하는 것은 구성원들에게 '돈맛'을 가르치는 것과 같다. 돈맛에 길들여진 사람은 얼마라도 급여를 더 준다는 곳이 나타나면 금방 이직을 결행해버린다.

더욱이 모든 이들이 높은 급여와 복리후생만을 위해 회사를 다니는 것은 아닌 만큼, 돈을 '만병통치약'으로 삼지는 말아야 한다. 실제로 어느 조사에 따르면 급여가 일정 수준을 넘어서면 행복감은 더 이상 커지지 않는다고 한다. 그때부터는 자신이 추구하는 가치와 자기발전을 위한 그 무엇인가를 찾으려는 욕구가 더욱 중요해진다는 것이다.

리더는 금전적 보상뿐 아니라 구성원들의 열정, 비전 등을 실현시켜주기 위한 본질적인 요소가 무엇인지를 탐색하고, 이를 충족시키기 위해 집중하고 노력하는 모습을 보여줘야 한다. 구성원이 진정으로 원하는 것이 무엇인지 파악하고 근본적으로 동기부여할 것을 찾아 실천해야 한다는 의미다.

금전적 보상을 뛰어넘는 근본적 동기부여책. 그것은 바로 '경쟁력'이 아닐까? 구성원들의 경쟁력을 확보하는 데 노력을 기울인다면 단순히 금전적 보상에만 기대는 것보다 훨씬 바람직한 결과를 얻을 수 있다.

실제로 급여와 복리후생이 훌륭한 대기업에서도 구성원들은 끊임없이 사표를 쓴다. 그들이 처우에 불만이 있어서 이직을 꿈꾸는 것은 결코 아닐 것이다. 자신의 비전과 회사의 비전이 일치하는지, 또는 나의 실력을 키워줄 수 있는 리더가 있는지를 모색한 끝에 옮기는 경우가 많다.

그렇다면 리더로서 어떻게 하면 진정으로 구성원들을 위하고 동기를 불어넣을 수 있을까? 눈에 보이는 보상으로 구성원들을 현혹시키지 말고, 장기적으로 그들의 역량을 키워주는 등 '무형의 가치'를 주도록 노력해야 한다는, 이것이 핵심이다. 리더라면 구성원들이 역량을 키워 자신의 꿈을 실현하도록 지원해야 한다. 겉으로 보이는 연봉, 인센티브, 복리후생 혜택에 대한 화려한 말잔치 대신 성취감, 도전의식, 열정 등 구성원들의 미래 경쟁력과 내적 경쟁력을 키우는 데 힘써야 한다는 말이다.

특히 당신이 현업 부서의 리더라면, 구성원의 동기부여에 자신이 어떠한 노력을 기울이고 있는지 생각해보아야 한다. 혹시 '일단 일을 성사시키고 보자'는 생각에 그들에게 거짓으로 약속한 적은 없는가? 보상은 인사부서 담당이니 나와는 상관없다고 생각하지는 않는가? 구성원들에게 성취감을 느끼게 해 열정을 쏟고 몰입하게 할 생각은 왜 못했는지, 반성해야 한다.

빙벽을 등반하는 사람들은 오르는 과정이 너무나 힘들지

만, 성취감만큼은 모든 스포츠 중 단연 최고라고 엄지손가락을 치켜세운다. 목표한 루트를 완등했을 때 느끼는 정복감은 기본이고, 극한 환경 속에서 오히려 '살아 있다'는 짜릿한 전율이 느껴진단다. 경험해보지 못한 사람은 결코 알 수 없는 묘한 기분 때문에 또다시 빙벽을 오르게 된다고 한다.

이 성취감을 맛보기 위해 이들은 평상시 엄청난 체력단련을 감수한다. 빙벽을 오를 때 다리를 끌어올리는 복근, 얼음을 찍는 도구를 등반 내내 강하게 움켜쥐는 손목과 손가락, 루트를 확보하는 동안 몸을 고정시켜줄 하체와 발목을 만들기 위해 평상시 꾸준히 강화훈련을 한다. 그렇지 않고 등반을 했다가는 큰 사고로 이어지기 때문이다.

이들은 누가 시켜서 훈련을 하고 빙벽을 오르는 것이 아니다. 좋아서 자발적으로 한다. 빙벽등반을 통해 자신의 가치를 느낄 수가 있고, 등반할 루트를 스스로 정할 수 있으며, 정상에 올라 성취감을 느낄 수 있기에 기꺼이 '사서 고생'을 하는 것이다.

이와 같은 성취감을 구성원들에게 선사하는 것은 어떻겠는가. 마치 등산 전문가가 꾸준히 노력해 정상에서 성취감을 만끽하듯, 구성원들이 업무수행에 필요한 역량을 개발하여 성취감을 맛보도록 돕는 '창조적 동기부여자'가 되는 것이다. 그것이 구성원들이 당신에게 바라는, 그리고 당신이 해줄 수 있는 최고의 보상이지 않을까?

43

일일 성과기획서를 작성해 성과평가와 연동시켜라

대부분의 리더들이 일의 결과에 대해 잘잘못을 따지고 꾸지람을 늘어놓는다. 하지만 그보다 중요한 것은 구성원들의 과정에 대한 이야기와 성과평가를 종합해서 원인을 규명하고 해결하는 방법을 찾아내려는 것이다. 앞뒤 상황 없이 결과만을 가지고 무작정 혼난다면 누가 일하고 싶은 마음이 생기겠는가. 또한 리더가 성과가 나지 않는 이유를 구성원 탓이라며 책임을 회피하려 한다면, 누가 그 리더를 믿고 일하겠는가.

물론 누적된 문제점을 담당자가 개선하려 노력하지 않았다면 그 또한 잘못한 것임은 분명하다. 팀 성과에 기여하기 위해 평상시에 리스크예방에 항상 힘쓰고 능력개발을 위해 내외부교육에 참여하는 등 구성원의 노력 역시 필수적으로 선행되어야 한다.

하지만 중요한 것은 리더의 역할이다. 무릇 평가를 할 때는 좋지 않은 결과에 대해 꾸지람만 할 것이 아니라, 구성원들이 개선 포인트를 스스로 찾게 하고 아울러 이를 통해 배워야 할 점을 습득하도록 하는 것이 훨씬 중요하다.

구성원들의 업무수행이 마무리되면 평가를 해야 한다. 기획했던 성과목표를 달성한 경우도 있고, 그렇지 않은 경우도 있을 것이다. 목표를 달성했을 때는 문제될 것이 별로 없지만, 완수하지 못했다면 얘기가 복잡해진다. 무턱대고 "왜 결과가 이 모양이냐"고 화부터 내면, 구성원 입장에서는 "나름 한다고 했는데…"라며 볼멘소리를 할 수도 있다. 잔뜩 위축되고 방어심리에 휩싸인 구성원에게 평가 피드백을 잘못 주면, 자칫 당신의 평가가 주관적으로 비치거나 편파적인 것으로 곡해될 위험마저 있다. 이럴 때는 어떻게 해야 하는가?

실패결과를 가지고 과거의 성과와 단순비교하거나, 다른 사람들과 비교하며 질책하는 것은 금물이다. 그래봐야 구성원의 사기만 떨어뜨릴 뿐, 이후 발전된 모습을 기대하기 어렵다. 오히려 그럴 때일수록 리더는 왜 그런 결과가 나왔는지를 차분하게 짚어주어, 당사자로 하여금 무언가 깨닫고 배울 점을 찾게 해야 한다.

구성원들이 실패에 대한 대화를 기피하는 이유는 역량부

족을 통감하기 때문이기도 하지만, 한편으로는 리더의 꾸지람이 두렵기 때문이다. 더 솔직히 말하면 리더의 잔소리 속에 담긴 '실패는 네 탓'이라는 뉘앙스가 듣기 싫어서다.

당신은 과연 어떤가? 좋지 않은 결과가 나오면, 구성원 탓으로 돌리고 보는가? 꾸지람과 질책부터 쏟아내고 있지는 않은가? 좋지 않은 결과에 대해 평가할 때는 눈앞에 벌어진 결과를 탓하고 책임소재를 묻기보다는, 이런 결과를 접하고 당사자가 무엇을 느끼고 깨달았는지를 스스로 말하게 하는 편이 낫다. 그리고 어떻게 문제점을 개선해나갈지에 대해 생산적인 논의를 할 수 있도록 도와주는 것이 중요하다. 그럼으로써 구성원들은 자신이 일하는 수준이 얼마나 되는지 냉정하게 확인하고, 열린 자세로 리더의 코칭을 받아들이게 된다.

이를 위해 구성원들에게 일일 성과기획서를 작성하게 하면 큰 도움이 된다. 여기에는 크게 3가지 목적이 있다. 우선 리더가 부여한 연간 성과목표나 월간 성과목표를 달성하기 위한 일일 성과목표를 얼마나 공감하고 있는지 확인하게 하고, 이를 달성하기 위한 전략을 수립하게 하며, 일과가 끝난 후 자신이 일했던 방식을 돌아보게 함으로써 핵심성공요인을 반복적으로 깨닫게 하는 것이다. 이를 통해 자신이 일하는 수준을 명확하게 깨닫고, 특히 도전적인 성과목표를 달성하도록 자극을 줄 수 있다. 매일매일 자신의 역량을 촘촘히 돌아본 만큼, 리더의 평가를 객관적으로 받아들일 수 있음은 물론이다.

구성원들의 실패가 반복되거나 더 큰 문제로 번지고 있는데도 그대로 방치하는 것은 리더의 직무유기다. 실패한 부분에 대한 원인을 정확히 분석하고, 개선을 위한 핵심성공요인을 찾아내고, 성공요인을 실행으로 옮기는 조직 분위기를 이끌어내라. 그럼으로써 구성원들이 실패를 두려워하지 않고 성과목표달성을 향해 매진하게 만드는 것이 평가과정에서 리더가 해야 할 가장 중요한 역할이다.

자연의 섭리를 보면 생명체가 모여 사는 곳에는 모두 나름대로의 평가방식이 있다. 흔히 말하는 적자생존適者生存이다. 비단 진화라는 거대한 흐름에서가 아니라 잠깐씩 이합집산하는 와중에도 평가는 계속 이어진다. 일례로 극지방의 썰매개들은 20~30마리가 한 무리를 이루는데, 말 그대로 죽기 살기로 싸워 우두머리를 정한다. 그래야 질서가 잡히고 전체가 한 몸처럼 일사불란하게 행동할 수 있기 때문이다. 요컨대 평가란 집단을 효율적이고 규율 있게 유지하는 본능적인 기제인 셈이다.

사람이 사는 곳에도 당연히 평가가 있다. 학생 때는 중간고사와 기말고사를 통해 학력을 평가하고, 직장에서는 성과평가와 역량평가를 한다. 공공기관의 경우 이에 더해 국민만족도를 평가에 반영한다. 그렇다면 과연 리더들은 자신이 무엇을 기준으로 평가해야 하는지 정확히 알고 있을까? 아직도 많은 리더들이 객관적인 데이터를 근거로 평가하기보다는, 주관적인 가치판단으로 성과를 평가하는 경향이 있다. 이것은 말은 성과평가라고 하지만 '결과평가'로 볼 수밖에 없다.

44

판단기준은 사전에, 공정하게, 공개적으로

정 팀장은 연말이 되어 팀원들에게 올해 업무성과에 대한 자기평가서를 제출할 것을 요청했다. 그리고 각자 제출한 자기평가서를 기준으로 개개인에 대한 성과평가표를 작성했다. 문제는 강 대리였다. 다른 이들은 원만히 넘어갔는데, 강 대리는 팀장의 평가결과를 수긍하지 못한 것이다. 결국 강 대리는 팀장에게 면담을 신청했다.

"저는 올해 목표로 설정한 업무성과를 모두 달성했습니다. 그러니 제 평가는 당연히 A가 되어야 하지 않습니까?"

하지만 정 팀장의 의견은 달랐다.

"처음의 성과목표와 자네가 내놓은 과제수행 결과물은 조금 다르지 않나. 게다가 A를 받으려면 목표치의 120%를 달성해야 하는데 자네는 그렇지 못했네. 그리고 프로젝트 2개는 일정이 지연되지 않았나. 그러니 C 이상은 줄 수 없어."

요컨대 정 팀장과 강 대리는 성과평가의 기준이 달랐던 것이다. 성과목표달성 수준에 대해 서로 충분히 합의하지 못했으니 평가결과에 대한 이견이 드러나는 것은 어찌 보면 예견된 일인지도 모른다.

무언가를 평가하려면 평가의 '잣대'가 있어야 한다. 그런데 이처럼 리더와 구성원 간에 성과평가 기준이 서로 다르다면 제대로 된 평가가 가능할까? 어림없는 말씀이다. 문제는 이런 일이 현실적으로 비일비재하다는 것이다. 성과목표를 세울 때 기준에 대한 합의도 이끌어내야 하는데 그 과정을 간과하는 조직이 많다. 사전에 업무수행 기준을 명확히 제시하지 않았다가, 일이 다 끝난 후에 부랴부랴 가치판단 잣대를 들이미는 것이다.

여기에 더해 구성원에 대한 성과평가가 객관적 기준과 사실에 근거하기보다는 리더 개인의 주관에 기대는 경우가 많아서, 평가가 나오더라도 갑론을박 구성원들의 뒷말과 불평이 터져 나오기 일쑤다. 누구는 한 해 동안 죽어라고 일만 했는데도 평가등급이 시원치 않다는 둥, 누구는 열심히 하지도 않았는데 줄을 잘 서서 높은 평가등급을 받았다는 둥, 어느 조직이나 평가시즌만 되면 말도 많고 탈도 많다. 이 모두가 평가기준이 분명하지 못하고 사전에 합의된 기준을 설정하지 않았기 때문이다.

실제로 어느 조사결과에 따르면 '인사평가의 공정성'에 대한 구성원들의 만족도가 5점 척도 중 3점에도 미치지 못하는 것으로 나타났다. 평가에 대한 구성원들의 불만이 얼마나 큰지 짐작이 간다. 그런데도 정작 구성원들에게 납득할 만한 객관적 평가기준을 제시하는 기업은 많지 않으니, 인사담당자들 입에서 '평가는 잘해봐야 본전'이라는 말이 나오는 것도 무리는 아니다.

평가의 본래 목적은 구성원들이 스스로 동기부여되어 자신의 일에 몰입하고 새로운 성과를 꾸준히 창출할 수 있도록 지원하는 데 있다. 덧붙여 구성원의 역량을 개발하기 위함이기도 하다. 물론 평가를 통해 '누가누가 잘했나' 살펴보고 구성원 각자의 역량과 성과를 따져보는 것도 필요하지만, 그것은 어디까지나 부차적인 문제다.

이처럼 평가가 정당성을 잃지 않으면서 본연의 목적을 달성하려면, 일을 시작하기 전에 평가기준을 확정해야 한다. 구성원들이 어떤 성과목표를 얼마만큼 창출해야 하는가를 사전에 분명히 알게 하고, 그 기준을 중심으로 일을 하게끔 만들어야 한다. 그런 다음 구성원들이 더 나은 역량을 개발하도록 이끌어주는 장場으로서 평가를 활용해야 한다. 그래야 일도 제대로 되고, 공정한 평가도 가능해진다. 평가기준을 사전에 공유하지 않으면 평가의 모든 취지와 효과성은 무용지물이 되고 만다.

하지만 우리의 현실은 어떤가? 일부 리더들은 자신의 관심사 또는 자신에게 이익이 된다고 판단하는 구성원들을 편애해 문제를 일으킨다. 옆에서 지켜보는 다른 구성원들로 하여금 상대적 박탈감과 불공정함을 느끼게 하는 것이다. 리더도 사람이기에 어쩔 수 없이 '깨물면 더 아픈 손가락'이 있다고 항변할지도 모르겠다. 하지만 누가 더 살갑고 애틋하든, 사적인 감정이나 주관적 편애가 평가에 그대로 반영되는 것은 극도로 경계해야 한다. 리더로서 합리적인 팀 경영을 하는 데 스스로 걸림돌을 놓는 셈이기 때문이다.

물론 당신이 편애하는 바가 조직에 기여하는 역량이나 성과라면 문제될 것이 없다. 그러나 취미나 기호 등 조직에 기여하는 바와 전혀 관련 없는 것들을 평가기준으로 삼는다면,

차라리 조직을 떠나 혼자 사업을 하라고 권하고 싶다. 회사는 리더의 놀이터가 아니기 때문이다.

자신의 주관적 가치판단에 의지해 구성원의 성과를 판단하면서 그들이 평가결과에 납득하기를 기대하지 마라. 구성원의 성과목표 기준이 무엇인지, 그 수준에 도달했는지, 실행했던 전략이 적합했는지 여부를 판단해 차기 목표를 설정하는 것이 평가의 가장 중요한 의미임을 잊지 말아야 한다.

당신도 몸으로 느끼고 있듯이, 과거에는 회사나 리더가 평가하는 대로 결과에 순순히 따랐지만, 지금은 그때와는 사정이 180도 다르다. 오늘날의 구성원들은 자신이 한 일에 대해 정확히 평가받고자 하고, 어떤 기준으로 평가가 이루어졌는지, 자신이 어떤 점을 고쳐야 하는지에 대해서도 적극적으로 알려고 한다. 상황이 이럴진대, 일이 다 끝난 다음에 리더 마음대로 평가기준을 세운다면 구성원들의 반발을 불러올 것은 불을 보듯 뻔하다.

반발을 미연에 방지하기 위해서는 평가기준을 사전에 공유하는 것 외에, 평상시에 리더와 구성원 모두 모니터링을 철저히 할 필요가 있다. 구성원은 자신의 업무수행 과정을 모니터링하여 자신의 장점과 단점을 스스로 파악하고 자연스럽게 개선방안을 고민하게 된다.

또한 리더는 사전에 합의한 기준에 의거해 개개인의 역량을 관찰하여 그들 안에 내재된 가치를 판별할 수 있다. 이를테면 '구성원 역량 관찰일지'를 작성하여 회사가 요구하는 역량기준별로 구성원들의 행동을 기록하는 것이다. 이는 훗날 구체적인 피드백 자료로 활용할 수 있고, 구성원의 승진과 보임, 이동, 퇴직 시에도 참고자료로 쓸 수 있다.

사전 업무수행 기준은 일과 사람관리의 연결고리 역할을 한다. 즉 '성과와 역량'이라는 관점에서 일하는 기준을 명확하게 제시해주고, 노력한 결과에 대한 보상이 무엇이며 개인의 역량을 어떻게 개발할지에 대한 방향성을 제시하는 데 도움이 된다.

따라서 리더는 오직 이 하나의 잣대, 즉 사전 업무수행 기준을 통해 평가하는 모습을 보여주어야 한다. 평가의 기본원칙을 고수하고, 구성원들이 자신의 부족한 점을 보완해 더 큰 성과를 내는 발판으로 이 원칙을 활용하게끔 유도하라. 그래야 구성원들이 평가를 신뢰하고 일에 열정을 보이게 될 것이다.

구성원들이 90분을 뛰고도 골을 넣지 못하는 선수가 될지, 단 15분을 뛰더라도 멋진 골을 넣는 선수가 될지는 리더인 당신의 손에 달려 있다. 구성원들이 일 자체를 실행하는 데 초점을 맞추기보다는 애초에 리더가 원하는 성과목표를 달성하는 데 전략적으로 접근하도록 그들의 역량과 노력을 집중할 수 있게끔 만들어주는 것이 리더의 중요한 역할임을 잊지 말자.

45

‘사실’과 ‘데이터’로 평가해야 뒷말이 없다

'이 대리가 이번에도 성과가 좋지 않군, 올해도 C를 받으면 인사팀 관리대상에 들어갈 텐데, 어쩐다? 할 수 없지. 정성평가 부분이라도 잘 써서 B는 받게 해야지.'

'박 과장이 요새 야근이 많네? 저렇게 일을 열심히 하니, 잊지 말고 평가 때 반영해야지.'

평가시즌이 되면 리더의 머릿속은 복잡해진다. 사무실을 오가는 구성원들을 하나하나 머릿속에 떠올리며 그들에 대한 평가를 정리하느라 분주하다. 그런데 혹시 위와 같이 '불쌍하니까' 점수를 올려주고, '성실하니까' 잘 봐주고 있지는 않은가?

리더는 평가를 수행할 때 주관적인 착시현상에 빠지는 것을 경계해야 한다. 주관적인 판단이나 개인적인 취향에 의해서가 아니라, 객관적인 '사실'과 '데이터'에 기초한 평가를 실시해야 한다는 것이다.

다음 사례를 보자. A공장은 최근 품질불량 발생이 늘어나 재작업을 하느라 작업효율이 떨어지자, 공장의 전략과제로 '재작업 감소를 통한 제조원가 절감'을 내세웠다. 이에 박 공장장은 김 대리에게 재작업 감소를 위한 방안을 강구하라는 과제를 부여했다. 김 대리가 며칠 밤을 새워가며 작업한 보고서에는 다른 기업과 공장을 벤치마킹한 사항들이 죽 나열돼 있었다. 그러나 규모나 기타 여건에 비추어 공장에 그대로 적용하기 어려운 내용 일색이어서, 결국 보고서가 제안하는 사항은 실행으로 이어지지 못했다. 하지만 평가시즌이 되자, 박 공장장은 김 대리에게 최고 평점을 부여했다. 해결방안의 수준은 별로였지만, 오랫동안 밤새워가며 노력한 '열심히' 모드에 점수를 많이 준 것이었다. 박 공장장의 평가는 과연 타당한가?

아니다. 그는 김 대리에 대해 사전에 합의된 성과평가 기준을 적용하지 않고 지극히 주관적인 느낌에 기초해 평가했다. 이 작업에서 성과평가 기준은 무엇일까? 연장근무를 며칠 했고, 보고서를 몇 페이지 썼느냐가 아니라, 타당한 전략을 제시해 실제 불량률 감소에 기여하는 것이다. 그런데도 박 공장장은 '연장근무'를 기준으로 마음대로 평가해버렸다.

물론 열심히 일한 성실성도 평가해야 할 하나의 기준이기는 하다. 단, 그러려면 '어느 정도 해야 열심히 한 것인지'에 대해 사전에 명확하게 정의돼 있어야 한다. 그렇지 않은 채 그저 열심히 했으니 점수를 올려준다면, 다른 사람들의 이의 제기를 감수해야 할 것이다. '책상에 오래 앉아 있으니까', '늦게까지 남아 연장근무를 하니까', '많은 과제를 부여받아 수행하고 있으니까' 일 잘하는 구성원이라고 평가하는 것은, 요즘의 성과기준을 몰라도 한참 모르는 것이다.

우리는 앞서 누구나 인정할 수 있는 객관적인 평가기준이 왜 중요한지 살펴보았다. 올바른 기준을 세웠다면, 그다음에는 과연 자신이 그 잣대를 십분 활용해서 공정하게 평가하고 있는지를 확인해야 한다. '구슬이 서 말이어도 꿰어야 보배'라고, 아무리 좋은 기준을 만들어놨어도 평가주체가 이를 제대로 활용하지 않으면 잘못된 평가가 나오고, 그 결과 구성원들의 일할 의욕마저 꺾여버리게 된다.

평가의 핵심은 공정성과 투명성, 그리고 신뢰성을 확보하는 것이다. 이를 평가기준에 오롯이 반영하고, 그에 따라 뒷말이 나오지 않도록 철저하게 평가하라. 사람 됨됨이를 보고 판단하거나 개인적인 학연, 지연을 감안하는 것은 스스로 리더의 자격을 박탈하는 행위다.

그렇다면 공정한 평가는 어떻게 해야 할까? 객관적 성과와 주관적 역량을 모두 고려할 때 가능하다. 그리고 그 기준은 각각 '핵심성과지표KPI'와 '핵심행위지표KBI'로 표현된다.

평가의 첫걸음은 평가 전에 구성원들의 역량과 현재 주어진 업무상황을 정확히 파악하는 것이다. 그들이 달성해야 하는 성과기준과 목표수준 등을 사전에 명쾌하게 설정해 공유하지 않은 채 평가 자체에만 집중한다면, 그 결과물은 '성과주의'가 아닌 '실적주의'나 '결과주의'의 산물일 뿐이다. 상황이 이러면 본래 의도했던 생산적인 경쟁은 불가능해지고, '무조건 남을 이기기 위한' 비생산적인 경쟁만 남게 된다.

아울러 리더는 평가기준을 두루뭉술하게 잡지 말고 수치화, 객관화, 형상화하여 설정해야 한다. 수치화, 형상화라는 단어 안에는 객관적인 숫자를 정하라는 것뿐 아니라, 리더가 성과목표를 설정해주고 의도하는 바를 명쾌하게 구체화시켜 구성원에게 제시해야 한다는 뜻도 포함돼 있다. 그래야 나중에 실제로 달성된 성과에 대해 '근거'를 가지고 평가할 수 있게 된다.

이 모든 요소를 반영한 성과평가 기준이 '핵심성과지표'다. 이는 말 그대로 성과달성의 견인차 역할을 하는 핵심성공요인이 목적한 대로 제대로 실행되었는지 측정하는 기준을 가리킨다. 성과평가를 할 때는 다른 어떤 요소보다 핵심성과지표를 근거로 냉철하게 판단하라.

그러나 이것만으로 평가를 완료했다고 보기는 어렵다. 결과와 함께 과정, 즉 성과목표를 달성하기 위해 수립된 전략을 어떻게 행동으로 옮겼는지에 대한 점검, 즉 역량평가도 반드시 필요하다. '핵심행위지표'는 목표달성을 위한 전략적 행동을 얼마나 제대로 실천했는지를 보여주는 기준이다. 구성원들의 '행동'을 평가할 때는 비전 및 성과목표달성을 위한 전략적 실행력을 감안하는 것이 좋다. 구성원의 구체적인 행위수준을 평가할 때, 평가는 평가에 그치지 않고 그들의 행동을 바람직하게 변화시키는 촉매제가 된다.

46

보상은 곧 '인정'임을 잊지 마라

리더가 원하는 성과를 창출하는 첩경은 무엇인가? 구성원으로 하여금 진정으로 몰입하게 만드는 것이다. 이는 수많은 이론과 기업에서 증명된 일반론이다. 제대로 된 성과보상은 조직의 비전과 성과목표 달성의 추진동인으로 작용해, 구성원들을 능동적이고 자율적으로 움직일 수 있게 만들며, 스스로 동기부여해 자가발전할 수 있도록 유인한다. 또한 구성원 스스로 조직에서 인정받고 있다는 사실을 인식하게 해준다.

그렇다면 몰입을 유도하기 위해 당신은 구체적으로 무엇을 해야 할까? 지금까지 우리가 던진 모든 질문을 압축하면 결국 이것이다.

이미 살펴본 대로, 먼저 수평적으로는 업무수행 기회를 확대하는 방안을 활용할 수 있다. 델리게이션을 통한 자율책임 경영을 실천하는 것이다. 그리고 수직적으로는 '승진'을 통해 공식적으로 권한과 자원을 주어서 동기부여할 수 있다. 마지막으로 가장 보편적인 방법으로 '금전'적인 형태로 보상을 제공할 수 있다.

이 모든 형태의 보상에는 핵심개념이 있다. '인정.' 나는 리더로서 당신이 해야 할 모든 행동을 하나의 단어, 즉 '인정'으로 축약할 수 있다고 생각한다.

무조건 '잘했다, 잘할 수 있다'고 말하라는 것이 아니다. 구체적인 행위와 근거를 짚어주면서 구성원들이 납득할 수 있는 범위에서 효과적으로 인정하라는 것이다. 구성원들이 리더의 성과목표달성에 기여하겠다고 마음먹게 되는 데는, 다른 누구도 아닌 리더의 '인정'이 중요한 역할을 한다.

리더가 구성원을 인정하고 칭찬한다는 것은, 서로의 생각에 차이가 있더라도 구성원 관점에서 바라보고 이해하려고 노력한다는 것을 의미한다. 구성원의 관점이 '틀린' 것이 아니라, '색다르다'고 여겨 포용하고 인정한다는 것이다. '인정'이라는 프레임으로 바라본다면, 성과를 내는 데 큰 지장이 없다면 가급적 구성원의 방식을 존중하게 된다. 성과를 달성하는 데 리더의 방식이 반드시 맞으리라는 고정관념이 자연스럽게 사라지는 것이다.

구성원을 적극적으로 인정하려면 리더가 몇 가지 지켜야 하는 행동이 있다. 우선 구성원의 칭찬거리를 부지런히 찾아야 한다. 구성원의 특성과 행동을 면밀히 관찰해 그들조차 모르고 있는 사실이나 장점을 말해주겠다는 각오로 칭찬거리를 찾자.

칭찬이란 구성원의 공헌과 노력에 대해 긍정적인 가치를 부여하는 것으로서, 공식적 또는 비공식적으로 그들이 달성한 성과목표에 대해 의미를 부여하고 가치가 있다는 것을 표현하는 행위다. 그러므로 인정할 때는 리더의 주관에 의해 판단하기보다, 성과목표를 달성하기 위해 구성원이 보여준 구체적인 행동과 의견을 제시하면서 칭찬하면 더욱 좋다. 단, 여럿이 있든 둘만 있든, 너무 요란스럽게 치켜세우지 말고 민망하지 않은 수준에서 '수위조절'을 해가며 칭찬하자. 경우에 따라 공식적인 인정과 칭찬이 적합할 때도 있고, 팔꿈치로 쿡쿡 찌르듯 슬쩍 칭찬의 말을 건네거나 조언하는 것이 나을 때도 있다.

아울러 칭찬했을 때 구성원에게 어떤 효과가 있었는지, 그들의 심리상태나 행동에 대해 파악해가면서 칭찬을 계속할지 판단하는 것도 중요하다.

어느 조직이든 비슷한 조건과 능력을 갖춘 이들이 있다. 그런데 몇 년만 지나면 이들의 성과와 역량이 꽤 차이가 난다. 왜? 리더 때문이다. 같은 회사에 입사한 A와 B는 모두 경영학을 전공하고, 영어성적을 비롯해 흔히 말하는 '스펙'이 비슷했다. 입사 초년에는 '기대 이상이며 무난하게 업무를 수행한다'는 평가를 받았던 그들이 차이를 보이기 시작한 것은 입사 3년차부터였다. 정확히 말하면, 서로 다른 리더에게 일을 배우면서부터다.

영업부서에 배속된 A는 항상 장점을 말해주는 리더와 근무한 반면, 인사부의 B는 규율을 중시하고 규칙을 어길 경우 곧장 질책과 핀잔을 던지는 리더와 일했다. 그러면서 일정 시간이 지나자 두 사람의 역량 차이가 조금씩 눈에 보이기 시작했다.

물론 업무내용이 다르기 때문에 둘을 단순 비교하기는 어렵지만, 최근 A와 B는 출근할 때 표정부터가 확연히 달랐다. A는 출근할 때면 환하게 웃고 즐거워할 동료와 리더의 모습을 생각하지만, B는 오늘은 어떤 일로 깨질지 불안해하며 출근한다. 당신과 일하는 구성원은 A와 같은가, B와 같은가? 가슴에 손을 얹고 생각해보자.

두둑한 성과급, 승진, 새로운 업무, 모두 좋다. 그러나 리더는 다른 무엇보다 신뢰, 인정과 성취 등의 본질적인 요소로써 구성원들의 만족감을 높이려고 노력해야 한다. 리더가 구성원을 마음으로부터 '인정'하지 않는다면, 그 어떤 보상도 의미를 잃고 만다. 그러므로 리더는 구성원이 거둔 성과에 대해 언제든지 진심 어린 인정을 할 수 있는 마음가짐을 가지고 있어야 한다. 그런 준비가 되었을 때, 구성원들은 자신의 경쟁력을 키워나갈 수 있고, 스스로의 꿈을 실현시키고자 하는 의지를 더욱 고취할 수 있다.

리더는 그동안 가지고 있었던 인식을 새롭게 바꾸어 보상의 본질적인 의미를 바라보아야 한다. 보상은 곧 '인정'의 다른 말이다. 그리고 당신의 인정은 그 무엇도 가능하게 한다. 지속적인 성과를 창출하고자 하는 리더라면, 효과적인 칭찬을 통해 구성원들을 동기부여하고 어떻게 하면 즐겁고 신바람 나게 구성원들의 가치를 높여줄 수 있을지 고민하고, 또 고민해야 할 것이다.

충전식 건전지를 달아줄 것인가, 자가발전기를 달아줄 것인가?

동기부여 전문가인 허즈버그는 조직 구성원을 2가지 유형으로 구분했다. 한쪽은 가슴속에 충전식 건전지를 달고 있는 부류이고, 다른 한쪽은 가슴속에 자가발전기를 달고 있는 유형이다. 충전식 건전지란 에너지가 내부에서 생기는 것이 아니라 질책이든 칭찬이든 외부에서 주어져야 생긴다. 반면 자가발전기란 외부에서 에너지가 공급되지 않아도 내부에서 생성된다. 자가발전기를 달고 있는 사람들을 분석해보니 마음속에 구체적인 미션과 비전과 목표를 기준으로 살아가더라는 것이다. 미션이란 자신이 속한 조직과 사회에 기여하고자 하는 가치이며, 비전이란 미션을 추구하기 위해 선택한 수단으로 미래에 자신이 되고자 하는 차별화된 역량을 갖춘 모습을 말한다. 목표란 어떤 일을 하든지 일을 하기 전에 이루고자 하는 결과물을 구체화하여 어떤 결과물을 달성할지 일을 하기 전에 이미 알고 시작하는 기준이다.

구성원들을 리더가 시키는 대로 움직이는 충전식 건전지를 달고 일하게 하지 말고 자가발전기를 장착하고 자기주도적으로 주체적으로 일하도록 해야 한다. 그렇게 하기 위해서는 무엇보다도 델리게이션을 제대로 실천해야 한다.

'리더십이란 리더를 대신해서 역할을 수행하는 사람으로 하여금 정해진 시간 내에 리더가 원하는 결과물을 달성할 수 있도록 매니지먼트하는 제반 역할행동'을 말한다. 리더십의 핵심은 리더가 원하는 결과물인 성과목표를 사전에 합의하고 대신 실행하는 사람의 성과목표 달성전략에 대해 코칭을 통해 공감대를 형성하고 실행행위를 위임하는 것이다. 이것이 바로 델리게이션의 요체다.

이 책은 리더가 원하는 성과를 구성원들이 창출하도록 이끄는 델리게이션 방안에 대한 진지한 성찰의 산물이다. 리더가 성과창출에 개입하는 프로세스와 구성원의 실행 프로세스가 평행선을 달리고 있다면, 어떻게 그 차이를 메울 수 있을까? 1명의 개인이 신입사원으로 입사한 후 시간이 흘러 한 조직의 리더가 되는 것이 말처럼 쉬운 일은 아니다. 우리나라 리더들은 대부분 정말 열심히 일한다. 그런데도 성과가 잘 나지 않아 고민이 크다. 무엇이 문제인가? 이 고민이 이 책의 출발점이었다.

리더 스스로 성과에 대한 올바른 이해가 부족할뿐더러, 성과를 창출하는 경영기법을 실적을 올리기 위한 하나의 방편으로만 사용해왔기 때문이다. 좀 더 노골적으로 말해, 일을 제대로 델리게이션 할 줄 모르기 때문이다. 이것이 내가 얻은 결론이었다.

많은 리더들이 과거의 선배들이 해왔던 대로 사람을 관리하고 있다. 즉 통제와 압박을 가하면서 한편으로는 리더 혼자서 모든 것을 해결하려고 하는 습관이 남아 있다. 심지어 자신의 노하우를 틀어쥐고 후배들에게 알려주지 않는 이들도 적지 않다. 그런 모습을 후배들도 고스란히 답습해서 시키는 일만 겨우 하고…, 세월이 흘러 변화의 격랑이 몰아치고 있는데 사람들의 행동방식은 예전 그대로이니 성과를 내고 싶어도 낼 수 없는 것이다.

이래서는 더 이상 리더가 원하는 성과를 창출할 수 없다. 과거의 습관에서 벗어나 구성원들을 경영하는 방식을 과감히 혁신해야 한다. 리더에게는 풍부한 경험과 지식에서 비롯된 직관력과 통찰력이 있다. 이러한 강점을 바탕으로 고객들의 숨겨진 욕구를 찾아내는 동시에, 예측 불가능한 상황에서도 구성원들이 성과를 유연하게 창출할 수 있도록 역량을 길러주어 '자율성'이 충만한 인재로 거듭나게 만들어야 할 의무가 있다. 누가 시키지 않더라도 그들 스스로 마음먹고 자발적으로 움직이도록 하는 데 초점을 맞춰야 한다는 의미다.

반면 당신이 물러서야 할 부분도 있다. 적어도 실행력만큼은 구성원들이 당신보다 뛰어나다는 점을 인정하자. 물론 실무자일 때는 당신도 탁월했을 것이다. 그러나 지금 당신에게 주어진 업무는 '실행'이 아니라, '델리게이션'이다. 구성원과 그들의 업무를 경영하는 경영자 입장이라는 것을 잊지 말자.

구성원들은 현장의 고객접점에서 고객들의 요구사항과 필요사항을 누구보다 먼저 확인하고 이에 대응하는 최전방의 사업가들이다. 리더는 그들이 목표를 향해 주체적으로 나아가도록 끊임없이 여건을 조성해주어야 한다. 이처럼 자신의 성과목표와 책임을 충실히 수행하는 리더와 구성원이 짝을 이룬다면 그 팀워크는 가히 상상을 초월할 것이다.

이렇게 하기 위해서는 금전적 보상도 물론 필요하다. 그러나 하루 중 가장 긴 시간을 보내는 일터에서 구성원 스스로가 자신이 얼마나 가치 있는 일을 하고 있는지 느끼게 해주어 일과 조직에 몰입하게 만드는 것이 더욱 중요하다.

리더는 자신의 관점에서만 구성원들을 바라보고 통제하려고 해서는 안 된다. 구성원 스스로가 신바람 나게 일할 수 있도록 동기부여를 해줘야 한다. 구성원의 마음에 '자가발전기'를 달아줌으로써, 스스로 일에 가치를 느끼고 성취감을 얻도록 하는 것이 당신의 역할이다.

평상시에 구성원들을 나름대로 열심히 관리했지만 원하는 만큼 성과가 나오지 않아 안타까워했던 리더, 그리고 진정한 성과를 원하는 리더들에게 보내는 작지만 강한 메시지가 되리라 믿으며 이 책을 집필했다. 아울러 차세대 리더를 꿈꾸는 이들에게는, 한발 먼저 리더의 생각을 읽고 자질을 준비할 수 있는 계기가 되면 좋겠다.

모든 구성원이 자기 완결적으로 움직이도록 혁신시키는 것! 이것이 당신과 조직의 지속 가능한 성과를 창출하는 유일한 길이다. 지금 이 순간에도 성과를 향해 한발 한발 다가가고 있는 당신에게 파이팅을 보낸다.

슬기로운 권한위임의 기술

델리게이션

2020년 9월 1일 개정판 1쇄 | 2020년 9월 28일 3쇄 발행

지은이·류랑도

펴낸이·김상현, 최세현 | 경영고문·박시형

책임편집·최세현 | 디자인·임동렬

마케팅·권금숙, 양근모, 양봉호, 임지윤, 조히라, 유미정 | 디지털콘텐츠·김명래

경영지원·김현우, 문경국 | 해외기획·우정민, 배혜림 | 국내기획·박현조

펴낸곳·(주)쌤앤파커스 | 출판신고·2006년 9월 25일 제406-2006-000210호

주소·서울시 마포구 월드컵북로 396 누리꿈스퀘어 비즈니스타워 18층

전화·02-6712-9800 | 팩스·02-6712-9810 | 이메일·info@smpk.kr

ISBN 979-11-6534-217-3(03320)

• 이 책의 국립중앙도서관 출판시도서목록은 서지정보유통지원시스템 홈페이지(http://seoji.nl.go.kr)와 국가자료공동목록시스템(http://www.nl.go.kr/kolisnet)에서 이용하실 수 있습니다.
(CIP제어번호: CIP2020032983)

• 잘못된 책은 구입하신 서점에서 바꿔드립니다. • 책값은 뒤표지에 있습니다.